职场第一课

航运物流经理人
第1课

詹虹 黄伟明 李皓 著

厦门大学出版社
XIAMEN UNIVERSITY PRESS
国家一级出版社
全国百佳图书出版单位

本书引用了部分网络文章,请作者见书后
与本书作者联系,我们将付给稿酬。

图书在版编目(CIP)数据

航运物流经理人第一课/詹虹,黄伟明,李皓著.—厦门:厦门大学出版社,2018.12
ISBN 978-7-5615-7252-8

Ⅰ.①航… Ⅱ.①詹…②黄…③李… Ⅲ.①航运-物流管理-职工培训-教材 Ⅳ.①U695.2

中国版本图书馆 CIP 数据核字(2018)第 285608 号

出 版 人	郑文礼
责任编辑	王扬帆
封面设计	李夏凌
技术编辑	许克华

出版发行 *厦门大学出版社*

社　　址	厦门市软件园二期望海路 39 号
邮政编码	361008
总 编 办	0592-2182177　0592-2181406(传真)
营销中心	0592-2184458　0592-2181365
网　　址	http://www.xmupress.com
邮　　箱	xmup@xmupress.com
印　　刷	厦门集大印刷厂

开本	720mm×1 000mm　1/16
印张	18
字数	212 千字
印数	1～6 000 册
版次	2018 年 12 月第 1 版
印次	2018 年 12 月第 1 次印刷
定价	58.00 元

本书如有印装质量问题请直接寄承印厂调换

厦门大学出版社
微信二维码

厦门大学出版社
微博二维码

序 一
从"有用"到"无用"再到"有用"

有学者主张读"无用之书",这类书是各种人生经验的提炼总结,却不一定能直接运用到具体生活、工作、学习当中,但能传世的常常是这类书。我认为仅仅倡导读"无用之书"有些偏颇,引导人们读书的顺序应该是:先读"有用之书",再读"无用之书",再把"无用之书"变成"有用之书"。

首先,我们给年轻人提供的知识要通俗易懂、能接地气,对他们"有用",这样才能吸引他们来围观,引发他们的兴趣。然后,要让他们举一反三,思考、升华,引导他们读"无用之书"。再从"无用之书"当中发现、挖掘有用之处,与现实生活结合,运用于实践,将"无用"变成"有用"。读书要从"有用"到"无用"再到"有用",循环往复,螺旋上升。中华文化博大精深,同时具备从"有用"到"无用"再到"有用"功能的书却很少,《孙子兵法》就是这为数不多传世经典中的一本。

《航运物流经理人第一课》是一本"有用之书",该书的定位如此精准,一看书名就让人有想了解的冲动,茫茫书海之中,这已成功一半。这是一本东西方文化融合的书,既有西方管理理论,也有中华王道智慧,而且和航运物流业的实践紧密结合。该专著不仅是航运物流经理人的必读之书,也值得所有从事管理工作的经理人细心研读。

我因拙著《掌控人生主动权——孙子兵法与人生战略》与

本书第二作者黄伟明先生结缘。他在航运物流领域辛勤耕耘近三十年，我在《孙子兵法》领域默默劳作近二十年，两个"工匠"一见如故，虽然身处上海、厦门两地不常见面，却经常通过文字进行各方面的交流和探讨，互相视为人生难得的知己。

欣闻黄伟明先生和其他两位作者的专著出版并邀请我作序，认真拜读，欣然应允。希望作者们及所有立志传播中华优秀传统文化的志同道合者一起，在钟情的天地继续砥砺前行，在未来的岁月写出传世的"无用之书"。

汤超义博士

上海国家会计学院

2018 年 10 月 23 日

序 二

　　我与本书第二作者黄伟明先生相识已有近20年时间，期间伟明先生一直就职于我们中外运集团的合作伙伴公司，在航运物流领域耕耘多年，颇有建树。伟明先生在我心目中的印象首先是非常的谦逊，他用心倾听、兼容并蓄；其次是非常的健谈，他思路开阔敏捷、善于表达。我通过多年与伟明先生的相识相知，不仅把他当作职场上合作愉快的好伙伴，而且是生活中乐于分享的好朋友。在工作中，我们时常一起与客户商谈、交流，他的一举一动都体现出对业务的专业以及对客户的真诚；在生活中，我们也经常交流思想，彼此鼓励，共同进步。他还经常无私地与我们分享在销售和管理工作中的心得和见解，这些都体现出伟明先生对航运物流事业的热爱，对企业的忠诚，对工作的负责，对同事的关爱，对朋友的友善。

　　去年金秋时节，伟明先生出版了他的第一本专著《航运物流从业第一课》后，第一时间知会并赠与我他亲笔签名的书籍。我也在第一时间内仔细研读了他的专著。我惊喜地发现这是一本航运物流领域的活字典，也是航运物流新人的入门宝典。这本书凝聚了伟明先生三十年的心血，书中不仅分享了他对企业管理的心得体会，对企业营销的独到见解，更充分展现了他对航运物流领域的深情与热爱。我不仅自己如获至宝，同时也和公司同事一起分享此书，并要求人事行政部门将伟明先生的著作作为我司企业内训必备的教材之一。

令我非常意外及钦佩的是，不到一年的时间，伟明先生及其合作伙伴又推出了第二本著作——《航运物流经理人第一课》，这是伟明先生第一本专著的升级版，是专为企业新晋主管量身定做、旨在帮助他们转变思维模式和行为规范以胜任新岗位而推出的精心之作。

本书是作者一系列科研成果与经验累积的汇总，尤其适合从事及研究航运管理、港口管理、物流管理以及国际贸易的中层管理干部阅读。

谨此伟明先生第二本著作出版之际，匆匆数语是以为序，给他及其合作伙伴们鼓励支持，希望他们的著作大卖，也希望他们坚持梦想在这条路上越走越远，越走越好，为中国航运物流业的发展进步留下印记。

赵春吉
中外运集装箱运输有限公司总经理
2018 年 10 月 18 日

序 三

收到《航运物流经理人第一课》作者们的题序邀请,本人甚感荣幸。本书的三位作者凭借其在航运物流业丰富的知识储备、深厚的职业素养成就此力作,为广大的航运物流从业者奉上了一笔宝贵的精神财富。

航运物流业入门看似容易,但能成长为高水平的管理者、能够胜任职业经理人之角色、成为行业内的佼佼者则需经过诸多历练。这其中,不仅需要专业知识、从业经验的积累,更要秉持忠诚敬业的工作态度、做工作中的有心人。

现如今,航运物流业的发展已不再囿于其行业单一的传统属性,在信息技术迅猛发展及区块链等新理念层出不穷的新时代背景下,行业发展面临着新的冲击和挑战。尤其是本书的第二作者黄伟明先生作为资深的航运物流经理人,其工作经历涵盖航运公司、码头、堆场、国际货运代理等产业链中的关键环节,拥有丰富的业内背景;而多年来身处知名国际企业集团的经历,赋予其高瞻远瞩的远见及勇于创新的魄力。

在航运物流企业发展过程中,需要一批懂经营、会经营,拥有新知识,掌握新技能的成熟人才,尤其是在航运物流、航运金融及资本运作等方面的高端人才。航运物流职业经理人在此时应运而生,人才需求也势必成为企业高度重视的问题。本书的作者们在管理研究及航运物流业都深耕近三十年,自身已具备了一名高端职业经理人的综合素养及优秀品质。他们在本书中知无不言,将自己数十年来的积累倾囊奉献,为怀抱职业经理人梦想的众多从业者,特别是新晋一线主管的管理干部们带来了生动一课。书中提炼总结了中基层管理者在工作中应具备的管理技巧及沟通技巧,案例生动且具典型性及代表性,在简明直接的语言背后,揭示了耐人寻味的职业理念及职场法则。本书谦称为"第一课",但她并不简单是一本入门书,而是具有极强指导意义的工具书、手边书,值得收藏并深读体会。

读完样稿后,本人掩卷而思,共鸣颇多。谨赘数语,是以为荐。

上海锦江航运(集团)有限公司董事长
王秋明
2018 年 10 月 17 日

前 言

　　管理既是一门科学也是一门艺术。作为一门科学,从不同角度探究它的理论浩瀚如海,"科学管理之父"泰罗的《科学管理原理》(1911 年)提出了科学管理的原理和原则。在一般行政管理理论中,法约尔(1916 年)提出了管理的 5 项经典职能——计划、组织、指挥、协调、控制,并对每一项职能进行了界定,同时在其煤矿总经理工作的基础上提出了管理的 14 条原则,分别是劳动分工、权力与责任、纪律、统一命令、统一指挥、个人利益服从集体利益、人员的报酬、集中、等级制度、秩序、公平、人员的稳定、首创精神、人员的团结。20 世纪 70 年代管理学大师亨利·明茨伯格(Henry Mintzberg)的"经理角色理论"则从另一个视角阐释了"管理工作的本质",他通过自己和他人的研究成果得出结论认为:经理并没有像人们通常认为的那样按照职能来工作,而是在组织中扮演多种角色,进行很多的工作。明茨伯格将经理的工作分为三大类角色,即人际关系角色、信息传递角色和决策角色,这三类角色再细化为 10 类小的角色。人际关系角色包括象征性首脑、领导者、联络者;信息传递角色包括监控者、传递者、发言人;决策角色包括企业家、混乱处理者、资源分配者、谈判者。"决策论"提出者西蒙(1954年)指出"管理就是决策,管理过程就是决策过程"。

　　为提高组织管理效率,无数的学者像泰罗一样的管理实践家在探索其规律,管理活动一直是以已证实的知识体系为基础——人们通过无数次的实践,不断地总结经验教训,并从中抽象出能够反映管理活动客观规律的管理理论和方法,这些理论、原理、原则、程序和方法等都是管理的科学性的体现。人们又利用这些科学来指导管理的实践,并试图通过管理实践来进一步检验矫正这些理论,从而使管理理论不断地臻于完善。

作为艺术,学者探索提出的管理理论并不是绝对的,不同的管理理论放在实践中运用是权变的,成功的例子也层出不穷,国外 20 世纪 70 年代丰田的 TQC、JIT、精细化生产等实践使得"车到山前必有路,有路必有丰田车"这句广告脍炙人口,家喻户晓;20 世纪 80 年代,Dell 的直销模式又让人耳目一新。再看国内著名企业:华为的"学习美国的先进技术,吸取日本与国际接轨的管理模式"让其享誉海内外;雷军创建的小米作为一家互联网公司,把手机作为一个接入口,将自家的电商购物网站包括小米网、小米金融、小米保险、小米手机、小米生态链等渗透到生活的各个方面,成功地打造了一个以围绕小米的服务为基础,利用小米本身的品牌影响力有针对性地和生产企业合作的生态圈。

管理理论推陈出新,管理实践也日渐丰富。作为 20 世纪 80 年代的管理专业毕业生,我在大学期间学习了早期管理理论,毕业后留在母校厦门大学任教,为本科生和研究生开设"组织行为学"和"管理心理学"这两门完整的课程,课程中常常引用不同的实例去说明、佐证理论。伴随着 21 世纪知识经济时代的到来,各种层次不同类型的社会学习班越来越多,我不仅为他们讲授上述两门完整的课程,还应不同行业客户需求,为他们讲授"组织行为学"或"管理心理学"相关的各种专题,包括"个性心理与管理沟通""团队建设""阳光心态与压力管理""职业生涯规划与管理""卓越领导力""高效执行力""组织变革与管理创新"等。学员包括在职人员,一线主管,中、高层经理,他们在课间、课堂讨论互动中,或课后邮件里向我提出各自在日常管理工作中遭遇的瓶颈及困惑,例如:"非管理专业毕业的人如何快速了解管理? 进入管理者角色?""升任快,专业能力强的年轻主管,如何让年长的同事信服自己的领导能力,高效执行?"又如:"一个刚刚被提拔的管理者,应如何实现角色(由业务活动者到管理者)转换? 如升任经理后,如何制订新规划,达成共识,开拓新渠道,强化执行,确保结果?""如何因应环境或自身职位的变化,进行变革管理?"在职学习的人员来自不同行业、不同企业,同学之间会纠结这样的问题:"如何在自己的职业生涯中和上级、同级人员或下属顺畅沟通?"……这些问题或许不单单是提出者个人的疑惑,可能是所有成长过程中的主管、中层经理都会碰到的实际问题。如何帮助这些新晋主管或经理快速转换角色、胜任工作、带领团队是提高组织运行效率的关键。

本书第二作者黄伟明先生从事航运物流货代行业已将近30年,曾在航运公司、码头、堆场、仓库、运输公司、国际货运代理等多领域工作,可以毫不夸张地说,除了上船当水手之外,陆上物流部分的各个环节他都或多或少地涉足过。从2012年开始,他还担任了一些社会团体组织,如厦门市国际货运代理协会、厦门市现代物流业商会、中航运物流俱乐部等的领导职务,这为其职业生涯积累了更多方面的工作经验和丰沛的人脉资源。这些不可多得的经验正是新人在入职后减少磕碰、迅速成长所必需的。于是黄伟明先生于 2017 年 9 月以过来人的身份撰写出版了第一本专著《航运物流从业第一课》，主要是写给职场新人，特别是给要从学校过渡到职场的高校应届毕业生看的，力求帮助他们树立正确的从业价值观和职场理念，顺利过渡人生的这一重要阶段，成为国家和社会建设的栋梁。而那些已经在职场打拼三五年，工作小有成绩，且准备往管理岗位晋升的储备干部，他们更应该受到系统的培训才能胜任未来的管理工作。

基层管理是管理工作的开始，从优秀员工转成一线主管，未来更要晋升为中层管理者，其实跟转行业有点类似，考虑问题的角度、思路和做事的方式方法跟原来是完全不同的，但通常当事人没有这样的意识，很多人只是看见权力的提升而没有看见责任的重大，更关键的是此时的思维模式和做事方法是全然不同的。如果不经过系统的培训和学习，新晋主管还是用以前的老思维、老习惯做事，瞎指挥、乱指挥，甚至与下属竞争才艺、抢功劳，这就会毁了团队，也辜负了组织培养优秀员工的良苦用心。

黄先生在实践中的感受，与我在课堂互动中或课后交流中被问及的是同类的问题，我们在私聊中不约而同地萌生出一起合著本书的想法，希望能在一定程度上帮助这些成长中的一线主管或中层经理更快地适应角色转换和迅速成长的要求。

在本书撰写过程中，我发挥自己在高校授课系统性的专长，对本书理论框架和脉络作了逻辑梳理，黄伟明先生则集其近 20 年担任管理职务、带领团队、培养接班人的心得和经验，为本书的撰写提供非常详细的素材资料,我们一起整理出版了本书,希望能够给新晋主管一些指导和参考。同时,我们特别邀请了福建著名海事律师——福建至理律师事务所合伙人——李皓律师来执笔第六章"航运物流货代业常见风险及其防范",以提高本书实务操作的专业性和准确性。

本书或许是跨界合作著书的一个大胆尝试,我们希望通过呈现在各自领域深耕数十年的思考、领悟和体会,来帮助新晋升的年轻主管尽快转变角色以胜任本职工作,在为企业和社会做出应有贡献的同时,也实现自己人生职业生涯的腾飞。

詹虹

2018 年 7 月 18 日

目 录

§ 第一章 §

从优秀员工到优秀一线主管

👁 案例 　　　　　**高鹏的升迁（一）**

　　高鹏在大学时学的是工业管理工程专业，大学毕业获得学士学位后被一家生产机电产品的公司聘用，最初担任液压装配单位的助理监督。一开始他不知道如何开展工作，因为他对液压装配所知甚少，在管理工作上也没有实际经验，因此每天都感到手忙脚乱，疲于应付。可是他非常认真学习，一方面仔细阅读该单位的工作手册，努力学习有关的技术；另一方面监督长也主动对他指点，使他渐渐摆脱了困境，胜任了工作。经过半年多时间的努力，他已有能力独立承担液压装配监督长的工作。不过，当时公司没有提升他为监督长，而是直接提升他为装配部经理，负责包括液压装配在内的四个装配单位的领导工作。

第1节　优秀员工成为公司优秀一线主管的条件准备

　　一家企业要基业长青、世代传承、永续经营，最根本的决定因素就是人才。俗话说"铁打的营盘流水的兵"，作为企业领导者和管理者，最重要的日常工作之一就是从公司每年招收的新鲜血液中发现那些符合本企业文化和核心价值观的德才兼备的有潜质的人,然后加以培养和训练,提拔成为公司的储备人才或一线主管,进而成为未来公司永续发展的栋梁。

那么优秀员工本身应该做好哪些准备,才能受到公司关注进而得到提拔重用呢?

第一,培养放低姿态,扎实学习的态度。山里的竹子用了4年时间,仅仅长了3厘米。从第五年开始,以每天30厘米的速度疯狂地生长,仅用六周的时间,就长到了15米左右。事实上,在前面的四年里,竹子是将根扎在土壤里延伸了数百平方米,四年的付出是为了扎根。做人做事亦是如此。大学毕业生毕业后走上工作岗位的初始几年,虽拥有较高的学历学位,掌握一定的理论知识基础,但理论与实际工作有一定距离,接触专业工作后,唯有抱着虚心学习、求教的工作心态,努力钻研新技术、新知识,才能顺利过渡从学校到职场的转折期,突破工作瓶颈,迅速融入新工作,并在新的领域做出成绩,脱颖而出,得到上级领导的赏识和提拔。

第二,忠诚。它具体体现为:遵守国家和政府的法律法规以及公司规章制度;时刻维护公司的利益;全身心地投入工作,力争为公司创造效益;在外界诱惑面前经得起考验;积极主动与上级分享想法,为公司的稳定发展献计献策;懂得换位思考,当自己的观点与上级有分歧的时候,懂得站在上级的立场考虑问题,暂时无法与上级达成一致时,知道维护上级的威信和尊严,可以保留自己意见,但先执行上级的指示。

第三,爱岗敬业。它体现为:重视工作中的每一个细节,力争把手头的工作做到极致;工作的目的不仅在于报酬,还应该关心自己在公司能不能学到知识、增长技能,能不能有所成长;能自觉模糊上下班概念。航运物流货代业是服务型行业,有些岗位需要与海外客户、代理保持密切的联系,这期间有时差,所以很多工作是需要拿回家甚至在假期完成的,这就需要优秀员工乐意为工作做出个人牺牲。

请记住:职场心态第一宗罪是敷衍和拖延。公司考察员工是否合格的第一要素是敬业,其次才是专业水平(能力)。

第四,积极主动。优秀员工不会事事等主管交代,他不仅能自动自发做好本职工作,而且会主动在力所能及的范围内承担一些"分外"事。优秀员工会带着创业者的心态,积极主动投入工作,按高标准要求自己,对上级的指令能够举一反三,触类旁通地去执行,上级要求一步,他会做到三步,走在上级要求的前面,并且在适当的时机毛遂自荐,让上级知道自己的工作成效和能力,争取成为上级关注的对象,即所谓的既懂得埋头苦干又能抬头看天的人。社会上能执行上级指令的人,一抓一大把,但是只有在执行前、执行时肯动脑子的人,才有机会成为佼佼者。(不积极主动用脑行动的人就是廉价劳动力)

第五,责任与担当。优秀员工能非常认真地对待日常工作,出色地完成本职工作,尽量不让本职工作因自己的疏忽而出现失误或差错。但万一出现失误或差错时又能勇于承担责任,而不是找借口或置身事外。优秀员工会让问题的皮球止于自己身上,花大力气去找出失误的根源,从根本上消除失误的隐患,做到"不贰过"。

第六,优秀员工做人讲诚信,做事考虑成本。优秀员工知道信誉是个人最大的资本,在日常工作中,对外要信守对客户的承诺,注重诚信经营;对内要表现为不要小聪明,不贪小便宜,不浪费公司的资源,不公器私用;充分利用工作的每一分钟;每付出成本,都要力争最大利益。

第七,具备终身学习的觉悟和能力。优秀员工清醒地知道再高的学历和荣誉都只代表过去,在知识大爆炸的时代,如果不具备与时俱进终身学习的能力,在学校学的知识最多五年就会过时。所以,他们会以空杯的心态,在职场上针对自己的短板、弱点,有意识地学习和进修,以此提升自身的综合素质,并发挥自己的优势,让自己在机遇来临时有足够的条件去迎接挑战。

第八,优秀员工办事讲究效率,心无旁骛,专心致志。优秀员工会量化、细化每天的工作,然后按工作重要顺序列明清单,以要事第一的原则先处理重要并紧急的工作,防止穷忙、瞎忙或遗漏。

第九,优秀员工知道一个人也许可以走得更快、更容易冒尖,但若想走得更远、更宽、更长久,则需要一个团队的支持。个人英雄主义时代已过去,在当前知识经济时代,信息海量的情况下,个体只有依靠团队才能赢得竞争。团队成员必须不计个人得失,服从总体安排;遵守纪律,尊重上级;不做团队的"短板",如果你的不足会影响团队的发展,就要努力给自己"增高";多为别人、为团队考虑。在成绩面前懂得礼让,在困难面前勇挑重担,信奉"吃亏就是赚便宜"的理念。

第十,优秀员工懂得沟通在团队中的重要性。他们摈弃"独来独往"的坏习惯,主动参加公司或同事组织的各项活动;定期向上级汇报自己的工作思路和想法,寻求上级的指导和帮助;当工作中出现问题时,懂得带着方案去提问题,当面沟通,当面解决;以"有则改之,无则加勉"的态度培养接受批评的情商;胸怀大局,懂得团队内部可以有分歧和争论,但对外时一定要统一于组织或团队的整体目标。

第十一,优秀员工懂得感恩,凡事感恩包容,才能获得更多的帮助,快速成长。在成长过程中,需要感恩的人很多:感恩父母给予生命并养育自己;感激给予自己工作机会的贵人和单位;感谢朝夕相处一起共事互相配合的同事;感谢帮自己创造业绩的客户和合作方;感谢对手让自己看到距离和发展的空间;感谢批评者让自己不断完善。优秀的员工懂得在自己力所能及的范围内,用自己的努力和爱心去答谢所有关爱自己的人并回馈社会。

企业管理者在日常工作中发现有上述优秀特质的好苗子就要多加关注和培养,想尽一切办法把他们留在公司并帮助他们成长进步,这样团队才会有源源不断的人才涌现,组织的事业才能茁壮成长、发扬光大。

👁 延伸阅读

蒋啸冰.物流江湖自我修炼之道[M].北京:电子工业出版社,2016.

不懂感恩的人,比狼还可怕.[2017-07-02].http://www.sohu.com/a/215147976_211972.

第2节 新晋主管的组织培训

很多企业管理者都遭遇过这样的困惑:好不容易培养了一名优秀的员工,为了让他进一步成长并为公司发挥更大的效用,就把他提拔到管理岗位。没想到过了一段时间发现原本优秀的员工表现差强人意,甚至还不如原来当员工时表现得好。

究其原因,其实就是这类员工在从业务岗位到管理岗位的转变中缺少管理知识的提升,其思维模式还没有从员工的角色转移到管理者(主管)的位置来。

众所周知,一个优秀的员工如果没有经过充分的培训,没有为队员服务的理念,没有团队至上的精神,就无法成为一名称职的主管。此时新晋一线主管的上级(一般是公司的中层管理者)要起到必要的培训和辅导的教练作用。

一、工作角色转换

当一个人作为普通员工时,只要把本职工作做到极致并在力所能及的范围内为团队做点分外事,就是一名优秀的员工了。然而作为主管或经理人,最重要的工作不是个人做了什么,而是你的团队、你的队员做了什么。此时,主管或经理最重要的工作是创造良好的团队氛围,提供队员们需要的协助,帮助队员们完成各自的工作进而达成组织的目标。美国管理协会会长 Lawrence Appley 说过:管理就是通过他人之力,将事情一一完成。所以晋升为一线主管后,你如果还只是局限于闷头干好自己的活,那就不是一个好主管,甚至还会因为没有处理好团队成员之间的关系而导致你的表现不如以前。

那么,如何实现从优秀员工向业务主管或经理人的角色转换呢?以下几点可供参考遵循:

首先,多读书、多请教。一方面,通过多阅读管理书籍,夯实理论基础,尽快多掌握几种管理方法。另一方面,管理理论的提升可以使管理实践有据可依,但切忌一知半解的生搬硬套,要使自己的管理知识与管理位置相匹配,避免出现职位升迁与管理知识贫瘠的矛盾。

其次,在实践中变通运用管理知识。随着管理知识体系的完善和对知识内容的透彻了解,学会循序渐进、灵活变通地运用各种管理方法,让理论与实践相结合,并经常梳理和修正已有的认识,避免理论知识与实践应用相脱节。

最后,加强对管理对象的深入了解和研究。随着"90后"和新生代员工大量进入职场,管理的难度日益增加,但要正确对待这一客观现象,学会换位思考,因应环境变化,创新管理模式,实现与"被管理者"的思维融合,避免管理实践与被管理对象不适宜的现象出现。

二、明确主管(经理人)的职责

对于公司各部门项目团队及其主管来讲,随着个人绩效承诺制度的实施,其已经不是单纯的职能部门或职能管理者,公司强化了其身上的经营职能,各部门的干部实际上已经转化为集管理职能和经营职能为一体的管理者。因此,管理者面临着一个迫切的角色定位和角色转换问题,进而实现个人在经营能力和管理能力上的平衡。在经营职能上必须真正建立内外部客户导向意识,整肃内部流程,实现个人的绩效承诺,从而支持公司整体目标的实现。在管理职能上必须建立人均效率意识,通过强化内部管理,开发人力资源潜力,构建良好的组织氛围,提高本部门的组织绩效和下属的个人绩效,由此形成良性循环。在个体层面,实现个人能力与工作职责的动态均衡;在组织层面,实现部门经营目标与管理效率的动态均衡;在公司层面,实现公司经营与组织战略目标、组织能力的动态平衡。

基于以上角色转换的思考,我们可知:经理人存在的意义是要研究如何把知识、经验和才能转化为团队绩效和产出,是为了要倾尽全力来帮助部属积极快乐、卓有成效、全力以赴地工作,让他们可以达到你想要的目标。只有他们成功了,你才能有真正的成功。

经理人进行管理工作的目的就是带出一支敬业的团队。你应该了解让部属保持积极快乐的工作状态才是他们敬业工作的强大动力,所以组织管理的核心其实就是环境管理,要致力于营造一个团结、互信、互敬的工作环境,让部属在其中获得幸福感、归属感和荣誉感。

三、新晋主管(经理人)的关系处理

一个优秀员工从众多的普通员工中脱颖而出晋升为主管后,相信不少原来同级同事的心情是非常复杂的,同袍战友的和谐氛围可能会被打破,即使他们不给你使坏或拖你后腿,相信一开始也会冷眼观察你这位新晋主管如何烧这新官上任的三把火!基于此,建议新晋主管:

首先,应该非常低调,要明白主管是责任而不是权力,公司赋予你权力是为了方便你做好工作,并不是拿权力来满足你的虚荣心。所以你要以比平时更谦虚的姿态对团队成员开诚布公地说明:你的晋升是组织的决定,你需要大家配合你的工作,你会和大家一起努力来完成团队的目标,甚至你会把你原来的业绩、客户、人脉等资源贡献出来,协助团队的成员一起完成工作。

其次,身先士卒,率先垂范。要记住榜样的力量是无穷的,你要比平时更努力地工作,以身作则,吃苦在前、享受在后。你要想团队成员成为什么样的人,自己就要先成为那种人,成为团队成员的楷模。

再次,包容员工的不足。孔子曰:先有司,赦小过,举贤才。人各有长短,只要员工的缺点不足以成为阻碍团队前进的障碍,在没有违反公司规章制度的前提下,就应该用包容的心宽

待员工的缺点,用欣赏的眼光看待员工的优点,并让他们去从事他们感兴趣的、擅长的工作,以帮助他们在工作中获得成就感和满足感。员工的潜能是无限的,只要你的团队有凝聚力和向心力,他们所迸发出来的澎湃动力一定会让你喜出望外。

最后,必须强调的是超强的执行力。公司高层制定战略和愿景,中层管理者据此拆分近期目标,这些具体的目标需要一线主管带领团队一一去实现。团队的执行力,说白了就是将公司的战略与决策转化为实施结果的一种能力。一线主管一定要有不达目标誓不罢休的勇气和一往无前的果断,培养团队的荣誉感和强大的团队精神,带领你的团队没有任何借口地去达成组织下达的指标。

👁 延伸阅读

林正刚.管理责任:权力 VS 员工成功[M].创能量.杭州:浙江人民出版社,2015.

王思岩.有"岩"在先[M].北京:人民邮电出版社,2012.

第3节　新晋主管的自我管理

通过前面几个章节的分享,大家应该了解了一个优秀员工晋升为一线主管后,一定要先改变自己的心智模式和思维模式,从做好本职工作转变成为团队成员服务,帮助团队成员出色地完成本职工作,进而实现组织的目标。完成这个过渡期之后,新主管最重要的工作之一就是自我管理了。

伟大的管理者是管理自己,而非管理别人。凡是有所成就的成功者都是自我管理的高手。他们目标明确、严谨自律、具有强烈的使命感、有正向的行为模式和做事风格,最关键的是他们懂得平衡人生。可以肯定的是,他们今天的成就和好习惯并非与生俱来的,而是靠后天努力培养出来的。下面这五项就是优秀管理者要实现有效自我管理必须注意培养的能力。

一、以身作则,严格自律

榜样的力量是无穷的,想要你的员工成为什么样的人,自己就要先成为那样的人。切不可你要员工不能迟到早退,自己每天却姗姗来迟。你要有严格的自律力,要求自己表现出最理想的行为,当员工发自内心地欣赏你的为人处世和做事风格,把你当作他们学习及模仿的对象时,自然而然就愿意服从你的管理。

二、情绪管理

"月有阴晴圆缺,人有悲欢离合",优秀的主管必须明白"世上事,不如意十有八九"的道理,通过修炼提高自己的情商,懂得很好地控制自己的情绪,凡事用淡定的心态来对待。每个人的一天都只有 24 小时,在烦恼的事情上多耽搁一秒,快乐的时间就缩短一秒。因此,对待工作、生活、学习中出现的不如意事,先预测最坏的结果,然后往最好的方向努力,这样,每天都会让自己过得很快乐。成功的人懂得不在情绪起伏或心情欠佳的时候做重大的决定,以免让情绪误导自己做出错误的、令自己遗憾的决定。总之,好的主管一定是一个情绪管理的高手。

三、时间管理，要事第一

要把有限的时间花费在有意义并且有价值的事情上，管理好时间就是管理好生命。时间对任何一个人来讲都是公平的，所以，我们要掌握"要事第一"的原则，把每天主要的时间和精力放在最紧急且重要的事件上，不要让自己充当消防队员的角色，尽早让团队的工作流程化、标准化，然后采取必要的防范措施防止失误的产生，而万一发生意外时，又有应急预案能够让下属从容应对。

幸福绝对和时间有关，因为时间管理并非仅仅局限于工作领域，优秀管理者既献身工作，又懂得安排时间来学习、休闲和过家庭生活。大家要懂得：管理时间就是管理生命，管理时间就是耕耘幸福。

四、与时俱进，终身学习

在当下知识大爆炸的时代，知识和技术的更新换代都非常快速，在学校学习到的知识如果不及时更新，很快就会过时，因此只有保持空杯的谦虚心态，持续不断地学习，才能做到与时俱进，才不会被职场淘汰。每个人都可以随时随地通过不同的方式学习：可以再到学校进修；可以根据自己职场发展的需求参加各种培训及讲座；可以通过阅读自学；可以向顾问、前辈、教练、同事甚至竞争对手学习；当然也包括从个人经验和阅历中学习。

一个在某方面卓有成就的人，一定是一个善于利用他人的智慧和资源来减少自己成功阻力的人。如果善于学习，就等于将前人的精神财富复制到了自己的资源库，还有比这更聪明更快捷的进步方法吗？

五、平衡生活和工作的关系

人生是一个不断变化、不断更新的过程,如果失去平衡,就失去了有意义的人生。第五个管理是自我管理的核心意义,这个管理帮助你回归真实的生活。幸福的人生是多元的,也是丰富的,更应该是平衡的和完整的。

真实的幸福人生会涉及人生的八大领域:健康、事业、家庭、爱情、成长、休闲、友谊、公益与爱,归结起来就是平衡工作和生活,我们要学会通过自己的努力去经营平衡的生活。

但必须明确的是:工作是为了更加美好的生活,而不是为了工作而工作,为了辛苦而辛苦,为了努力而努力。我们的努力一定要有正确的方向,努力的目的是创新价值,所以不能够本末倒置,用无谓的加班甚至生命换取所谓的生活。一定要在事业和家庭、工作和生活两者之间取得平衡。

◉ 延伸阅读

跳出这种误区,你的努力才值钱

轶　名

劳动创造基本价值。满足供需关系的劳动,才创造高阶价值。

职场作家玮玮讲过一件事。她的一个朋友,工作很努力,每天晚上加班到凌晨,周末也要抽出时间工作到凌晨。而就在不久前,她才得知,朋友猝死,才仅仅 27 岁。是猝死,严格来说,是过劳死。她悲痛万分,也非常震惊:"才 27 岁啊,怎么可能就会去世呢?"直到她翻了朋友的朋友圈才明白过来。猝死的那个女孩最近半年的朋友圈都是凌晨两三点发出的。

"又加班到凌晨,好累,明天还要早起。"

"感觉自己快崩溃了。"

"我现在只有一个愿望,求能睡一个超过 7 小时的觉。"

而这个离开了世界的女孩最后一条朋友圈是:"我真的很累。"

尽管她已经这样拼命,工资还是低得出奇。上一次跟公司申请加薪时,她曾满怀希望,觉得自己这么拼,肯定会成功。但公司人力资源部门拒绝了她。

她的郁闷写在脸上,走进上级的办公室想要一个答案。"为什么公司驳回了我的申请啊? 我勤勤恳恳,任劳任怨,每天加班到很晚,周末也很少休息,没有功劳也有苦劳吧?"上级问她:"那你上半年的业绩完成率是多少?"她不说话了,因为她的完成率只有 40%,甚至比几个新员工还低。上级说:"努力不是公司给你加薪的理由。谁不努力? 活着的人都很努力。如果要求加薪,拿你的业绩说话。"

"不是所有努力,都能获得回报。"这是一句大实话,很残酷,但很现实。

这个故事让我想起一部电视剧:《北上广不相信眼泪》。陈奇雄在 ABA 公司工作 12 年,还只是一个普通主管。手下的人都看不起这位小主管,直到一次竞选,陈奇雄失败后找领导哭诉:"我在 ABA 公司工作了 12 年,我这么努力,难道你们都没看在眼里? 一个区域经理都不给我?"领导只冷冷回答说:"我要你的劳苦干嘛? 我要你的功高。"

这番话给我很深的印象。很冷酷无情,但是很有道理。公司找你来,是要产出价值的,不是要你来加班的。日剧 *Legal High* 里面一句台词说得很好:"越是工作做不好的无用之人,就越是会主张自己有多努力。"讲这两个故事,我是想说明一种观念:努力,在有些时候并不值钱。

市场经济学鼻祖亚当·斯密为阐述交易时讲过一个故事。一个村庄只有两户人家,一户人家做衣服,另一户人家种庄稼。如果这两户人家想要存活下去,就必须发生交易,用衣服换庄稼。此时,交易满足了双方需求,种庄稼的得到了衣服,做衣服的得到了粮食。交易完成,双方需求都得到了满足,双方劳动也都得到了报酬。自由市场通过平等自愿的交换,让人们能够"以自私为目的,达成利他的结果,最终使每个人都互惠互利"。可如果种庄稼的那户人家勤勤恳恳,一口气种出了两年的口粮,吃不完也卖不出去。此时多余的劳动便成了无效劳动,自己用不了,也无法产生价值。

如果在工作中不懂得分析,不了解需求,一次次用苦劳去完成工作,这样的劳动光荣吗? 不光荣。熬夜加班,业绩不见上涨,继续闷头加班,这样的劳动光荣吗? 也不光荣。

那什么光荣? 完美地解决公司的问题,了解市场的需求,为自己为公司带来效益。最终的结果才是评判你的努力是否有价值的条件。找准需求,而并非盲目工作。有的放矢地做出决策之后,劳动才更加有效率,完成的任务也更完美。

说起来简单,做起来很难。例如我们常常说"没有功劳,也有苦劳",这是很不道德的一种观念。本来要你往南跑,你现在往北跑,跑的距离一样,但目的地不一样,也有苦劳,但这份苦劳有价值吗? 没有。

职场的本质,是你的劳动满足公司需求,满足需求,劳动才有价值。不然你夜夜加班,周末不休息,工资依然不会涨上去,一定要有效劳动。"北上广"不相信眼泪,公司同样不相信汗水,最重要的还是业务表上增长的数字。那么想想,在你生活中,忙忙碌碌一整天,累死累活加班,究竟有多少是有效劳动呢?

作家李尚龙写过一篇文章《你只是假装很努力》。他有个学员,大三的时候就准备考英语六级,考了三次不过,很郁闷。李尚龙也觉得她很努力,每天都抽两小时做习题、背书。按理说,以这样的努力程度,六级早该过了。他很纳闷,但后来得知,这个女孩每天事情很多,在图书馆做习题时还要在各种社团群里布置工作,讨论方案。

有一种努力,是假装很努力;有一种劳动,其实是无效劳动。

多少人嚷嚷着健身,每天去健身房 2 小时,其中 1.5 小时都在自拍和找各种帅哥美女搭话,剩下 0.5 小时,匆匆跑步,结束。

多少人说着要学习,买了单词书回来,一个月后仍在背 A 序列词;说要阅读,每天看得最多的还是搞笑段子。多少人晚上加班到十一二点,但其实整个上午都在玩手机,或整个下午都在和同事聊天。本来一上午可以完成的工作,非拖到晚上。所有这些努力,有效劳动非常少,效率极其低下。

人们总是喜欢用忙碌麻痹自己,显示一种充实感,告诉自己:"你看,我多么努力,多么奋进。"而无效的劳动和努力,就是浪费生命。

给大家几点提高效率的建议:

(1)明确需求

职场也好,生意场也好,上级或者客户的需求是最重要的。明确需求,是第一要务。

(2)以终为始

在一个项目最初期的时候,就要考虑清楚最后完成的样子。由此去安排时间周期,确定人员分工,保证时效。

（3）结果导向

过程不重要，职场里最看重的是结果。一切没有完成目标的理由在别人面前都是借口。"没有功劳也有苦劳"这样的话只能骗骗自己。

本文转自公众号：国馆（ID：guoguan5000），有改动。

第4节　新晋主管的大局观

公司的中层管理者在企业内部起着承上启下的桥梁作用，要非常清晰地了解公司的发展战略、中长期目标；理解上级的领导风格和做事方法，以超强的执行力不折不扣地超额完成上级交付的任务并与之形成默契，成为上级的贴心助手和放心的托付者；同时，又要成为自己团队的领头羊、受同事信任的带头人，以身作则带领团队去实现组织的目标，从而帮助员工进步成功。这是纵向关系，对于大部分的中层管理者而言还是比较容易理解并做到的。

比较麻烦的是部门间的横向交流和协调。在这个过程中，经常出现矛盾尖锐且难以平衡的关系，各部门主管出于各自团队的利益，经常用"本位主义"来思考和决定自己的行动，导致一个庞大的集团形同散沙，难以形成合力去和外界竞争，久而久之就会出现所谓的"山头主义"或诸侯割据的不良状况。企业里经常发生这样的一幕：部门管理者之间因岗位职责定义不清加上沟通不畅，本来可以做好的事情没有做好，对此，各部门管理者相互推诿，公司的氛围从相互信任变成了互相攻击。其中，公司领导自然负有主要责任：他没有把事情梳理清楚，也没有把相关部门的责任和权限界定清楚，以至于公司里出现了"三不管"的灰色地带，影响了公司跨部门的沟通协调。

但业务部门和支持部门的经理对不好的结果就没有责任了吗？他们"坐等老板明示"的态度就是正确的吗？显然不是。如果业务部门或者支持部门的经理看到问题后能够及时相互沟通，也许他们自己就能把问题解决了。即便退一步，如果两个部门的沟通没有达成一致意见，两个部门经理把问题升级到总经理那里，三方一起也一定能找出一个解决办法。为什么很多管理者在实际工作中不采取上述解决问题的两步法，而是坐等上级的指示？原因就是很多经理还没有树立经理应有的大局观。

大局观是什么？就是中层管理者跳出自己的部门，跳出自己的部门利益，站在公司整体的角度，从解决矛盾的角度来考虑问题。一个优秀的职业经理人要追求进步和提升，一定要跳出自己的一亩三分田，从公司的大局出发，站在比自己高一阶的位置思考问题：一线主管要站在部门经理的位置，部门经理要站在分公司经理的位置，分公司经理一定要站在区域总经理的位置，区域总经理一定要站在事业处执行长的位置思考问题……以此类推。这时候，你就会惊奇地发现，原来对上级的想法及思路一直百思不解，现在一下子豁然开朗了。而且站在高一阶的位置去思考问题，除了让你学会像上级一样去处理问题，还倒逼你用高一阶主管的标准来要求自己，努力提高自己的各项素质以胜任高一阶岗位的工作，等机会真的来临时，你就是老板心目中的最佳人选！

综上所述,我们可以将一个优秀中层管理者应具备的基本素质和标准提炼为以下几点:

(1)一个优秀的职业经理人成功的关键,不是看他自己多厉害,而是看他的团队有多成功;

(2)衡量一个职业经理人是否合格,主要看团队在他的带领下有没有取得比以前更进步、更出色的表现;

(3)优秀的经理人要懂得广纳贤才,能把每个团队成员培养得比自己出色,无论自己在不在现场都能高效有序地工作并超额完成任务,实现组织目标;

(4)优秀的经理人要无私贡献自己的聪明才智和所拥有的资源,为企业创造最大利益并带领团队成员走向成功;

(5)优秀的经理人要懂得感恩和分享,要保证员工的福利和福祉,一定要记住"财散人聚,财聚人散";

(6)优秀的职业经理人一定要拥有奥运选手那样的竞技精神,成为献身工作的痴狂者。

同时,我们集多年管理经验,总结了以下管理者失败的主要原因,希望新晋主管及中基层经理人能借鉴,有则改之,无则加勉,成为一个优秀的组织所倚重的人才。

失败原因之一——光努力但没有成效或成果。真正的管理者会把事情做完,表现持续超乎预期,没有成果等于没有领导力,就这么简单。

我们经常用"努力工作"来评价一个人付出的多少,但是不要忘记,公司评判一个人,给付的薪资是以该员工为公司创造的业绩为依据的。下属可能会说:"我一直很努力,为何不给我加薪?""我工作这么辛苦,没有功劳,也有苦劳!"但上级会对你说:"努力不是公司给你加薪的理由。谁不努力?活着的人都很努力。如果要求加薪,拿你的业绩说话!""谁要你劳苦,我要的是你的功高！"……这些话很残酷，但很现实。

不是说不需要努力，而是努力的方向应该正确，努力必须带来真正的价值。那些方向错误、没有价值的努力是无能的人的一种借口。

日剧 *Legal High* 里面一句台词说得很好："越是工作做不好的无用之人，就越是会主张自己有多努力。"

培训界有这样一个流传很广的故事：

一个餐饮店有两个主管，其中一个主管提升的时间很长了，但一直原地踏步，没有晋升，工资也不高。另一个主管年轻，刚刚提拔不久，很有活力，处事灵活，老板给的工资也更高。

一天早上，老板嘱托老主管去集市上看看有没有什么东西可以买。老主管去集市上溜达了一圈，兴冲冲地跑回来："老板，今天集市上的土豆刚从地里挖出来，非常新鲜，价格也不高，我们要不要买？"

老板说："要买。你去问问有多少？"

老主管又跑回集市上，半个小时后跑回来，说："卖土豆的说有半车。"

老板说："量足够大，可以。价格呢？"

老主管愣住了，又跑回集市上，半小时后跑回来："价格是一块五一斤。"

老板又问："有折扣优惠吗？"

老主管再次愣住，准备再跑一趟，被老板叫住。老板喊来年轻主管，说："你去集市上看看有没有什么可以买的？"

年轻主管跑过去，约莫一个小时后回来，一样兴冲冲地说："老板，今天集市上有刚出地的土豆，新鲜，量大，他们有半车。我问了,价格还行,一块五一斤。如果我们买的量大的话,能给我们七五折优惠。我在想,我们最近正在推出一款土豆新菜,应该对土豆的需求很大吧。"

老板微笑着说:"可以。你把他叫过来。"

年轻主管说:"我已经把他们喊过来了,在街头那里等着呢。"

老板回头对老主管说:"你现在明白我为什么不给你加工资了吧?"

从劳动量来看,老主管跑了好几趟,劳动量更高;年轻主管只跑了一趟,劳动量更低。但老主管大部分劳动都是无效的,本来可以一趟办完事情,却跑了好几趟都没办完。

公司找你来,是要产出价值,不是要你来努力加班的。组织不需要平庸的努力和无效的忙碌。这里还涉及以下一点——是否用心思考。

失败原因之二——不用心思考。对于主管或者中层经理,老板希望他们不仅要完成任务,而且要高效地达成目标,对任何事宜,老板只能够给一个框架,进行方向性指导,具体的执行细节就要主管或经理人用心思考。思考的深度和广度取决于目标任务的要求,很多人执行了上级领导布置的任务,消耗了资源,结果却不尽如人意,原因就在于老板说什么他就做什么,没有从任务的角度全局性地思考如何有效地完成目标,以上老主管的做法就是个教训。

失败原因之三——用错误的方式产出成果。如果你只能用强词夺理或是不正当的方式来得到成果,你也不是个好的管理者。乱用影响力或是待人不好,或许暂时可以赢得一些甜头,但会输掉整场战争。

失败原因之四——追寻高位而没有更远大的目标。有些管理者一心只在乎自己的升迁而忽视了带领团队共同进步。麦克利兰的需要理论认为人们在生理需要基本得到满足的情况下，还会产生权力的需要、友谊的需要和成就的需要。其中权力的需要是指："人们在社会交往中所具有的希望影响和控制别人的欲望。"巴纳德认为：组织中的人们追求地位上升是一种进步的表现，但追求晋升、获取权力并不是管理者的最终目的，组织中提拔管理者是要他们充分运用职位权力所赋予的资源更好地实现组织目标。过分地追求权力会使管理者迷失在弄权中而丧失了对组织远大目标的追求，管理者要在乎的是不断超越自己，带领团队去实现梦想。

失败原因之五——在意做更多承诺而非信守承诺。中基层管理的大忌是给下属或团队成员做出超出自己权力范围内的承诺。团队成员不在乎你说了什么，而在乎你做了什么，特别是有没有兑现承诺。

失败原因之六——故步自封而非创新求变。维持现状是管理者的大敌，如果不了解创新求变是时代对管理者的基本需求，你根本就不是优秀的管理者。

失败原因之七——排斥天才而非留住天才。真正的管理者会吸引天才而非排斥天才。如果你不能够招揽、开发、培养或是留住人才，你也不是一个称职的管理者。

失败原因之八——抢功而非"给功"。真正的管理者不会去抢焦点，而是让镁光灯打在其他人身上。真正的管理者只有在承受失败责任时用"我"，当谈到成功时则用"我们"。

失败原因之九——见物不见人。企业唯一真正重要的资源是人，当你把事情看得比人还重要的时候，你在管理方面就失败了。

👁 延伸阅读

本位主义现象

栾润峰

一、什么是本位主义

本位主义是指一切从本部门、本单位、本地区的利益出发，不顾大局，不顾整体，不顾别的部门、单位和地区的利益的思想作风。这种思想本质上是放大了的个人主义。本位主义的思想作风，在处理部分与整体的关系上，要求整体服从部分，甚至损害整体利益以满足部分利益，或者是以邻为壑，损人利己。在处理友邻关系上，只顾自己，不顾别人，甚至损人利己。

本位主义是不是普遍现象呢？是，而且由来已久。毛泽东同志曾经多次强调要反对本位主义，多次的政治运动中，本位主义也总是批判的对象。

本位主义为何有这么强大的生命力呢？我认为，本位主义是人类的一种心理现象，人类总是以自我为中心，人类的能力都是在以自我为中心的基础上向外延伸的，人类的所见所闻都是以自己为出发点的。

本位主义在一个企业中的表现还有其隐藏性，它不像社会上部门中的本位主义，表现为不顾甚至损害国家和社会利益，一眼能识破，它往往以企业利益为幌子，来强调部门的利益。

二、精确管理：拓宽视野

本位主义难以消除的原因，我认为是我们的出发点有问题。我们总是想消除本位主义，我认为这是不可能的，因为本位主义本来是人的心理的一种表现，是人因为能力所限而不能总领全局的结果,因此我们不要去消灭它,而是要去帮助人们扩展视野来规避它。

精确管理在清楚了本位主义的形成机理后,采用方便、可操作的工具来帮助组织内的人获取全局的信息,随时让人们了解局部与整体的关系,使人们时时清楚局部与整体的利益相关性,以此来避免人类本位主义心理作祟。

我们公司营销总裁在看了我的书稿后,谈了她对本位主义的看法。她认为对于中层领导而言,本位主义以其视野以及看问题的高度有很大关系,对于中层以下的人员而言,本位主义首先表现在对外来一切批评的反弹上。

这位总裁 2005 年从我们北京公司总经理岗位上被提拔为整个企业的营销总裁。她在做北京公司总经理时,北京公司业绩优异,因此我不断让他们总结经验、写案例,以便给全企业的其他公司做培训,还要求她带更多的人、培养更多的人。对于我的这些要求,她不以为然,嘴上答应,心中不高兴,认为这样要占用他们好多时间,会影响到他们的业绩。由于不能达到我的要求,我经常批评她,她心中好不高兴,认为我讲的并没有那么重要。2005 年她被提拔为营销总裁,位子变了,视野不同了,一下子变得非常后悔:在北京公司总经理的位子上时怎么就没有按照老板的意思多培养一些人、多总结一些案例呢? 要是当时做了,现在的业绩就提升得更快了。顾了一个公司的业绩,却让整个企业的业绩增长没有达到更快的需求。整个企业的业绩多增加一个百分点就远远大于北京公司增加的所有了。现在轮到她对现任的北京公司总经理提出相同的要求了。可是,北京公司现任总经理是怎么想的呢?

再谈对批评的反弹。人的心理是喜欢听好听的,不喜欢听批评的,一听批评首先是"弹出去"。为什么要弹出去? 这是本位主义在作祟。该总裁原来任北京公司经理时，我只要批评北京公司，她立即想到的就是反弹，找理由。她现在告诉我，有时她明知道是自己部门工作有问题，也还要找理由。她现在庆幸的是，我没有因为她反弹就不批评她，该讲的还是照讲。她这方面还好，虽然反弹，该听的照听，该改的照改，也因为这样，她进步很快。因此，她现在在批评员工时就很清楚，凡是批评后反弹的部下，这都是本位主义的本能表现，并不是这些部下不能认识到自己的问题，所以她该批评时照样批评。她比我改进的是，她会向她的部下讲述自己的心路历程，这样她的部下从理论上清楚了自己反弹的原因，工作就更好开展了。

本文摘自《精确管理》(东方出版社 2006 年版)

本章总结

- 企业要注重培养忠诚、爱岗敬业、积极主动、有责任担当、讲诚信、懂感恩又掌握一定沟通技巧的优秀员工成为公司的一线主管。
- 优秀的员工要成为称职的主管，必须经过组织的系统培训，从转变自己的思维模式入手，树立为队员服务、团队至上的理念。
- 升任主管后的你，首先要学会自我管理，然后才能够带领团队奔向最高目标。
- 优秀的主管一定要摈弃本位主义，用大局观来指导和开展自己的日常工作。

§　第二章　§

中基层管理者的一般管理技巧

案例　　　　　　　　**高鹏的升迁（二）**

　　高鹏在当助理监督时，主要关心的是每日的作业管理，技术性很强。他担任装配部经理后，发现自己不能只关心当天的装配工作状况，还得做出此后数周乃至数月的规划，还要完成许多报告和参加许多会议，所以没有多少时间去从事他过去喜欢的技术职责。当上装配部经理不久，他就发现原有的装配工作手册已经基本过时，因为公司已经安装了许多新的设备，吸收了一些新的技术，这令他花了整整一年时间去修订工作手册，使之切合实际。在修订手册的过程中，他还发现要让装配工作与整个公司的生产作业协调起来是需要有很多讲究的。因此，他主动到几个工厂去访问，学到了许多新的工作方法，他把这些吸收来的东西也写进了修订的工作手册中。由于公司的生产工艺频繁发生变化，工作手册也不得不经常修订，高鹏对此都完成得很出色。他工作了几年后，不但自己学会了这些工作，还学会了如何把这些工作交给助手去做，教他们如何做好，这样，他可以腾出更多时间用于规划工作和帮助他的下属把工作做得更好，以及花费更多时间去参加会议、批阅报告和完成自己向上级的工作汇报。

　　他担任装配部经理6年之后，正好公司负责规划工作的副总裁辞职应聘其他公司，高鹏便毛遂自荐申请担任此职务。在跟另外 5 名竞争者较量之后，高鹏被正式提升为规划工作副总裁。他自信拥有担任此新职的能力，但由于此高级职务工作的复杂性，他在刚接任工作时碰到不少麻烦。例如，他感到很难预测一年之后的产品需求情况。可是一个新工厂的开工，乃至一个新产品的投入生产，一般都需要在数年前做好准备。而且在新的岗位上，他还要不断协调市场营销、财务、人事、生产等部门之间的关系，这些工作他过去都不熟悉。他在新的岗位上越来越感到：越是职位上升，越难于按标准的工作程序去进行工作。但是，他还是渐渐适应了该项工作，做出了成绩，以后又被提升为负责生产工作的副总裁，而这一职位通常是由公司资历最深的、辈分最高的副总裁担任的。

第 1 节　中基层管理者的六大能力

优秀员工晋升为基层主管后，经过 3～5 年的磨炼，其中符合组织文化和核心价值观的佼佼者又会被提拔到更高一层的岗位，成为公司的中层管理者。这里所指的中层管理者，一般是总部职能部门的部门长或分公司（二、三级公司）的经理人。

中层管理者要接受高层的领导，理解消化上级的决策后去监督基层有效执行，在企业中起承上启下、上传下达的桥梁作用。中层管理层向上要能为高层所信任，居中要能推动组织跨部门、跨地区协同运作，向下要能令基层所信服，并推动绩效的提升和人才的培养，是一家企业稳定发展、基业长青的关键少数。总体来说，一个优秀的中层管理者需要具备以下六种能力：

规划执行能力。中层管理者首先要全面理解总公司的战略和愿景，并能结合本部门（分公司）的职能和实际，研究实现组织目标的关键要务；其次探索解决办法，设计实施方案，坚决推进执行，持续跟踪改善。上述案例中的高鹏的做法就值得借鉴：

1.发现问题。在由助理监督升任装配部经理后，他发现原有的装配工作手册基本过时，于是决定修订手册。

2.寻找解决办法。在修订手册的过程中，他发现要让装配工作与整个公司的生产作业协调起来，又主动到几个工厂去访问，学到了许多新的工作方法，他把这些吸收来的东西也写到修订手册中。

3.权变管理。他发现公司的生产工艺频繁发生变化，作为基层领导，便经常根据变化不断调整。

4.规划实施。他工作了几年后，不但自己学会了这些工作，还学会如何把这些工作交给助手去做，教他们如何做得更好，这样他可以腾出更多时间用于规划工作和帮助下属把工作做得更好。

平庸的中层管理者普遍的不足表现为抓不住大事、要事，面对诸多问题没有解决的方法，常常向别人要主意，甚至等着领导告诉他干什么和怎么干。不能在复杂情况下综合思考、独立判断，不能制定出可操作施行的解决方案，这样就失去了中层管理者应有的作用。

组织协调能力。中层管理者一般在不同的部门或分公司中任职，因此必须学会与其他部门（分公司）的主管打交道，同级之间的关系非常微妙，就工作而言是一种协作关系，就个人利益而言却是竞争关系。聪明的中层管理者知道高层领导希望同级之间能够彼此携手、协同合作、取长补短地去共同实现组织的总目标,因此他们会严以律己,宽以待人,换位思考处理好部门(分公司)间的关系,密切配合,协同一致,形成合力,实现互助共赢。

社会系统学派的创始人、现代管理理论之父切斯特·巴纳德认为,协作是整个社会得以正常运转的基本而又重要的前提条件。社会的各种组织,不管它是政治的、军事的、宗教的,还是企业的、学术的,都是一个复杂的社会协作系统。组织作为协作系统能否长久维持稳定性和持续性,取决于协作系统的有效性和高能率。所谓"有效",是指协作系统运转成功,协作行为能够实现系统的协作目标;所谓"能率",是指在组织内,成员个人动机的满足程度。"有效"才能维持组织的生存,而"能率"能够使人员产生协作意愿。

人们无论加入组织前还是加入组织后,都有着个体的自由意志和一定的选择力,进而又都要根据个人的理想去选择和确定一定的目标,并按照个人的目标去行动。但是人只能在一定的环境条件下来实现自己的个人意志,行使自己的选择力。个体一旦进行协作,他就会同协作体系中的其他成员以及协作体系本身发生种种关系,如协作体系中个人之间的相互作用,个人与集体之间的互动,协作体系对个人的影响,个人动机与协作系统目的的联系,等等。

人是一个物质的、生物的和社会的各种因素的结合体,而不仅仅是一个被动的管理对象。巴纳德的协作系统思想为组织中跨部门协调指明了方向。组织中,跨部门协调应该是中层管理者日常最重要的工作之一,由于部门职能不同,职责有异,往往产生信息不对称,此时,有效的交流和沟通显得尤为重要。

在与同级的其他中层管理者沟通时,一定要以总公司的共同价值观和利益为协调的出发点,要平等相待、尊重对方、不显摆架子、不卖弄资格、不以权压人、不仗势欺人。

团队管理能力。 中层管理者一般会有一个所辖的团队,因此,需要有较强的团队管理能力,比如,团队目标的设定、适宜的授权授责、及时有效的激励以及对属下的培养。由于中层干部多是技术业务型人才,凡事乐于自己亲力亲为,在带团队引领人方面往往不强。所以,中层管理者应该关注领导力的提升,让个人的执行力转化为团队的执行力。要时刻牢记经理人存在的意义是要研究如何把自己的知识、经验和才能转化为团队的绩效和产出;是要倾全力来帮助下属积极快乐、卓有成效、全力以赴地工作,让他们可以达到你想要的目标。只有他们成功了,你才算是真正的成功。

学习思考能力。 中层管理者要承上启下、协调左右、打通内外,几乎要面对所有的管理要素,参与管理业务的所有流程,需要有丰富的知识经验,有良好的思维方式。因此,中层管理者要有较强的学习和思考能力,既要与时俱进地学习新知识、新技术来跟上时代的步伐,又要结合工作需要,肯于和善于思考,解决工作中遇到的难题和挑战;既能主动将理论知识应用于实践,又能通过实践总结提炼出自己的感悟去指导下属的工作。

市场营销能力。 中层管理者特别是分公司经理是所在团队绩效的第一负责人,一定要掌握必要的营销知识和技巧,要懂得分析:公司的市场定位是什么? 主要客户是谁? 在哪里? 怎样去跟这些客户沟通? 怎样让客户持续地买单? 怎样在巩固老客户的同时又不断地增加新客户? 怎样建立和带领一支强有力的营销团队? ……

分公司经理如果是营销出身的,那么就要不断地根据外部环境的变化,加强客户需求的研究,制定灵活的营销策略;如果是从操作、客服或财务管理岗位提拔上来的,没有经历过销售部门的历练,此时就要及时、积极主动地补上营销这堂课,这是实现组织目标,力争自己无愧于总部的信任和委托,不辜负下属追随的重要保证。

基本财务知识及风险防控意识。一个合格的中层管理者要看得懂基本的三张财务报表:资产负债表、损益表和现金流量表;要大致了解公司的成本、费用、运营情况(会赚钱吗? 现金能撑多久?);更要严格管控应收账款。切记:会赚钱是徒弟,会收钱才是师父! 对于公司经营过程中可能出现的问题和风险要事先了解和把握,并有应急预案和措施,只有这样,在风险来临之际才能带领团队从容应对,不至于给公司和部门的经营带来严重的后果。这些内容在后续的第五章和第六章会做更详细的阐述。

总之,一个优秀的中层管理者应该将精力分成三部分:70%向上管理,20%是部门管理,10%是跨部门协调,并根据实际情况随时灵活调配,这样就可以为自己最大限度地拓展工作空间,提高工作效率,取得事业成功。

第2节 招人和留人

一家企业要基业长青、世代传承、永续经营,最根本的决定因素就是人才。互联网时代,在很多人特别是"90后"、"00后"

一代年轻人的心目中,航运物流业是传统的夕阳产业,基本没有兴趣加入。目前最吸引他们的行业应该是互联网、大数据、平台科技、文化创意等新兴行业,这导致现阶段航运物流业的一个奇怪现象,即国家一再强调物流行业对国民经济的重要性,全国各高校物流专业越开越多,物流专业毕业生不断涌入社会,但航运物流企业一直在哀叹招不到人,留不住人! 如何破解这一窘境呢? 本书作者根据多年的调查钻研,给行业企业和学校提出了以下建议:

一、校企合作,帮助在校生初步了解航运物流业

要更加深入地开展校企全面合作的工作,学校应该邀请行业资深、领军人物到学校担任客座教授,用现身说法的办法帮助那些认为"快递就是物流",对现代物流缺乏深入了解的在校学生真正认识航运物流在国民经济中的重要作用。航运物流业其实是一个既有千年悠久历史又具有无限成长空间及旺盛生命力的永恒行业。早在几千年前,有人类文明存在的地方就有物流行业的存在,古代的丝绸之路就是靠物流人的不懈努力、艰苦跋涉才得以完成。而未来,物流行业也会永远存在下去,只不过物流的方式、企业营运的模式随着时代的发展会发生巨大的变化。有志加入这个行业的新人要做的就是了解物流行业对人类社会的重要性,然后全身心地投入这个行业,利用自己在学校学到的理论知识结合企业的实践活动,与时俱进地不断创新改革,开创新时代下的物流行业新局面。

二、实习加深对航运物流业的感性认识

当学生对物流行业产生浓厚的兴趣,愿意投身这个行业时,企业组织应该审时度势,敞开大门欢迎在校学生到公司来实习。为了降低企业招人的成本,避免新人因试用期双向选择而离职导致的人员流动、成本增加、服务品质无法保证等不利现象的出现,现在不少物流企业在每年春节过后的实习季吸收应届毕业生到单位实习。通过三个月的实习,学生能进一步明确物流行业是否是自己喜欢并愿意为之付出的行业,而用人单位也可以用三个月的时间考察这些实习生是否符合公司的用人标准,最终决定是否将他们在正式毕业后留下来。这对企业和学生来说都是一个双赢的可以接受的模式。学生正式毕业后,如果选择跟实习企业签订劳动合同,基本会比较稳定而不会再出现"闪辞"的现象;而对毕业生来说则可以缩短试用期,直接以正式员工的身份上岗。这种用人模式对于企业和员工都是双赢的。

当然,除了吸收应届毕业生加入公司这个途径之外,公司人力资源部和分公司经理仍应随时注意用各种渠道,吸收有激情、有热情、积极主动、认真负责的社会"新鲜人"加入公司,以不断壮大、充实公司的队伍,储备公司未来发展的中间力量。通过在职员工、前员工或者员工的亲朋好友推荐新人,也是相当不错的一种招人方式。

三、物流企业帮助新人树立正确的价值观

由于航运物流业,特别是货代行业的公司基本都具有小而散的特点,即使是国际化的大企业,在某一地区的分公司或办事处也不可能有很大的规模。这就决定了这个行业的大部分企业无法对新人进行系统的全面的培训,基本上是通过师傅带徒弟的模式,让新人逐步融入公司的环境及氛围,并逐渐掌握工作的方法和技巧,经过2~3个月的训练而独立工作。此时,为了留住员工,企业建立自己的文化和价值观就非常重要。一

个想要留住员工、持续发展的企业，即使规模再小，创始人也应用言简意赅的语言具体描绘公司的愿景、使命、目标和价值观，就像京东从创建的第一天就明确自己的使命是"科技引领生活"、愿景是"成为全球最值得信赖的企业"、用"正道成功、客户为先、只做第一"来奠定自己的核心价值观。接着由分公司经理、人力资源主管和带新人的师傅，向新人描绘组织的愿景和价值观，并询问新人的价值观，以寻求两者的共同点，然后潜移默化地引导新人的价值观跟组织的价值观融合。新人在认同组织的愿景和目标后，才能在劳动合同的第一个任期内尽力去完成组织赋予的岗位目标。

如果新人很难说明他的价值观，有一个行之有效的办法可以模仿：让这位员工写下3个他钦佩的人的名字，然后让他在每个名字后面列出3种他最钦佩的品质（一共有9种品质），最后让他根据重要性将这9种品质排序，这样，就能初步看出他的价值观了。

管理者应该对公司的使命和价值观有清晰且稳定的认识，而员工的职业目标和价值观相对不明确。此时，领导者的工作重点就是沟通并协调员工与公司的使命和价值观，使两者趋于相对一致。一家现代化的企业不能指望企业的目标成为员工的唯一目标，员工和公司的工作目标只要在合同任期内一致即可，并不需要永远一致。而管理者的任务是创造出让有才华的人产生和成长的环境，尽量让核心员工的价值观逐步与企业的价值观契合，让他的目标与公司的目标趋于一致，任期尽可能长地持续。此时，企业管理者一定要在不同的任期内为这些有能力的核心员工提供具有挑战性、能实现自我突破的工作，以便让他们在本单位能实现自己的梦想和目标，这样他们就愿意长期地在公司继续工作下去。

四、帮助员工做好职业生涯规划

帮助员工建立正确的职业价值观之后,就要帮员工做好职业生涯规划。新人通过一段时间的工作和观察,如果发现所在企业无法让自己成长,看不到自身发展的前景,还是会选择离开的,所以,身为中层管理者,在自己追求进步的同时,还要注意通过经常性的一对一的交流沟通,比如谈论"希望公司能给你什么"之类的问题,来了解员工的诉求及理想,然后协助他们规划职业生涯,帮他们找到职业发展的方向,并明确公司晋升的规则和管道,让他们觉得自己有学习成长、升迁的机会,进而激发他们认真工作的动力,从而把人才长久地留在组织里。

麦当劳作为一家典型的服务行业企业,其做法可供所有同类企业借鉴:

麦当劳是一家在1955年就成立的传统零售食品服务业的龙头企业,它将自己定位为:一家现代化的、锐意进取的汉堡公司。

它的使命:致力于成为顾客喜爱的用餐场所及用餐方式。

核心价值观:回馈社会、顾客至上、业务增长、诚信经营、不断更新、以人为本、坚信系统。

经营理念:品质、服务、清洁及物超所值。

麦当劳就是用这么简洁、精准的文字向全世界人民宣导自己的愿景、使命、核心价值观和经营理念,让顾客在全球任何一家麦当劳餐厅都能享受到标准一致的好味道,让供应商、雇员和被特许人之间实现优势互通、紧密协作。

每个雇员进入麦当劳之后,必须先从最基本的琐碎工作做起,在 4～6 个月后,有才能的人会被晋升为二级助理,除了要处理餐厅的日常事务外,还得担负起排班、订货等各项管理工作。拥有高学历的人在进入麦当劳 8～14 个月后,有机会被提拔为一级助理,也就是经理的左右手,自然有更多的管理工作和责任要承担。在这一阶段表现杰出,而且能够独当一面的人就会被升为经理。

只要业绩和表现够优秀,经理可以升为监督管理员,负责三四家餐厅的监管工作,再往上还能升为分区顾问、区域代表,直到当上某一国或行政区域的副总经理、总经理甚至董事长。而每个阶段都有严谨的考核制度,只有通过考核才能获得晋升。

当这张职业生涯蓝图摊开在眼前,进入麦当劳的员工就知道,只要他愿意努力和付出,他就能沿着这条途径一路发展直至实现自己人生的目标和梦想。

👁 延伸阅读

稻盛和夫.活法[M].北京:东方出版社,2009.

第3节 激励员工不用钱

从 2008 年美国的次贷危机开始,到世界经济危机的爆发,再到当下的中美贸易战,全球经济逐步恶化。中国的经济形势特别是国际贸易一直处于下滑态势,进出口货量急剧下降,作为国际贸易重要一环的国际物流货代行业也不可避免地陷入了低谷，连续多年萎靡不振。但由于航运物流行业，特别是货代企业进入门槛低，企业越开越多，最终造成行业的竞争趋于白热化，整个业界处于一片"红海"。与此同时，由于国内的通货膨胀、物价上涨，员工的薪资虽然一路上扬（近5年已上涨了30％～50％），但是，时常还是会听到员工抱怨工资不够用、入不敷出。职场新人的衣食住行都成问题，怎么可能还有心思去规划自己的人生梦想呢？这些不利因素导致一线员工为了300～500元的工资差异频繁跳槽，甚至不愿意加入航运物流行业。因此，企业领导者普遍感到经营环境变得极为恶劣，企业招不到人、留不住人的现状至今没有任何缓解迹象。企业领导者、管理者如果不加倍努力，积极创新求变、开源节流，创造比以往更好的业绩，那么，就会出现员工流失、企业获利下降甚至亏损的局面。但顶住经营亏损的压力，先满足员工的要求，给员工涨薪和调高福利，真的就能留住员工吗？

　　按照赫茨伯格的"激励—保健双因素理论"的分类，结合实践经验，笔者认为，薪资、五险一金、午餐及误餐补贴等福利是"保健"因素，它只能起到降低不满的作用，不是激励员工的主要因素。管理大师彼得·德鲁克说："物质奖励的大幅增加虽然可以获得一定的激励效果，但付出的代价实在太大，以致超过了激励所带来的回报。"事实证明，高薪并不能买到人才的忠诚和对事业有所成就的渴求，而且，随着时间的推移和报酬的提高，提薪所带来的激励效应会逐渐衰退直至消失。另外，"保健"因素的最大特点是只能升不能降，更不能取消，否则会引起员工的强烈不满甚至离职。同时，通过对双因素理论的研究和实践可以发现，尊重、赞美、荣誉、情感、沟通、参与、兴趣、危机、竞争、培训、提升、愿景等非经济手段的激励因素能带给员工强大的行动力,使用这些激励方法,管理者将不用再考虑激励成本,激励效果却能大大提高且持久。

基于以上赫茨伯格的理论,管理者想要有效地激励员工,应在以下三个方面多下功夫:

首先,要给自己和团队设立合理、可行、明确的目标。设想一下,如果我们听到这样一句话:"尽最大努力去做,这就够了。"那么"尽力而为"意味着什么呢?我们如何知道自己是否已经实现了这个模棱两可的所谓"目标"?这是因为"尽力而为"的标准不明确,无法衡量。对此,埃德温·洛克在 20 世纪 60 年代提出了"目标设置理论",他认为,"为了实现某个目标而工作的意愿,是工作动机的一个主要来源"。也就是说,目标可以告诉员工需要去做什么,以及为此要付出多大努力。洛克提出三个论点:论点 1——明确具体的目标能够提高工作绩效,这是因为具体化本身就是一种内在推动力。论点 2——与容易的目标相比,困难的目标一旦被人们接受,会带来更高的工作绩效,这是因为:①充满挑战的目标有助于我们集中注意力;②困难的目标让我们精力充沛;③人们会坚持不懈地去实现这一充满困难的目标。论点 3——如果人们可以获得反馈,从而了解自己在实现目标的过程中的实际成效,那么他们将会表现得更好。基于洛克的目标设置理论,在实践中,目标可以由下属先提出,然后作为管理者的你与之沟通并对下属的目标做出修正。目标一旦确定下来,你和你的团队就有了明确的前进方向和奋斗动力了。

其次,要起到领导者、管理者的模范表率作用。领导者必须以身作则,将自己的能力和涵养都修炼到一定的高度,才能够让员工在自己身上看到希望和寄托,才能使员工死心塌地地追随自己。身教胜于言传,榜样的力量是无穷的!因为这方面或那方面的原因自己无法遵守公司规章制度,迟到早退,没有进取心,试问这样的领导能带出杰出的团队吗?员工能从你身上看到他们想要的未来吗?

最后,要不断地向团队成员描绘集团、公司、团队的美好愿景,用共同的愿望和梦想将大家紧密地结合在一起,推动大家顺利地完成任务、达成目标、拓展事业,并在此过程中实现自己的人生价值。没有目标、没有愿景,员工来你这里只是打一份工,赚一份养家糊口的薪水,必然要和你斤斤计较薪资、福利的多少!

由唐华山编著,人民邮电出版社出版的《激励员工不用钱》一书,提出了一些非物质激励方法,并指导管理者如何将这些方法应用到工作中以满足员工的心灵需要,让自己和员工充满激情、自动自发地工作。请记住,比金钱更能激励员工的是公司和上级对自己的肯定和赞赏,员工为此而获得的成就感和归属感比获得金钱的短暂喜悦要持久得多,而提拔优秀员工担任领导职务是其中最有效的办法!

◉ 延伸阅读

关注每一个人的梦想

轶　名

如果你只会用涨薪去留住员工,那证明你的企业在人力资源管理方面的手段是苍白的。涨薪1,000元带来的效果可能会被对手多涨的100元轻易瓦解,而梦想管理就弥补了这样的苍白。

当然,梦想管理并不是闪电般地去实现梦想,关键在于过程。发现员工内心的梦想,这是寻找的过程;为他的梦想添柴助力,这是实现的过程,尽管我们可能会一直在路上。

关注也不仅仅存在于上级对下属之间,梦想管理计划的实施也会让员工以对待梦想的热忱和能量来对待工作,更加关注公司的经营状况,工作的活力与潜力才会被充分挖掘出来。

诚然,梦想在很多时候都和财力相关,所以有的企业采用了"梦想基金"的做法,公司里的每个人都有机会提取这笔基金用以成就梦想。为了把这笔钱早日扩充成为让足够每个人去实现梦想的庞大基金,梦想会被自然分解,分解到每天的效益提升中,分解到部门与部门之间的合作中,分解到超出客户期待的优质服务上,这一切都不需要领导者操心。然后要做的是,让员工的梦想公开化,这样,企业将在亲密而团结的氛围中向梦想前进。

转自 https://club.1688.com/threadview/35329122.html,2013G05G03,有改动

第4节　如何做好绩效考核

中层管理者日常工作中另一项重要的工作就是对员工的绩效进行考核。在现实工作中,许多员工对绩效考核是持排斥心态的,他们认为这是公司设置的严苛管理制度,目的在于惩罚员工没有取得公司要求的结果——这就是组织沟通不畅的

恶果。

前面提到，公司管理其实就是目标管理，要做好目标管理，最重要的前提是设置好全体员工共同认可的组织目标（可分为总部、部门和个人的长、中、短期目标），接下来管理者要做的就是及时向下属反馈他们的工作成果，这就是绩效考核。它可以分为两部分：评估下属的绩效以及将评估结果告诉下属。它通常有两个目的：一是检视下属的技能水平，看看下属缺乏哪些技能并设法增强；二是加强激励力度，好让已具备适当技能的员工创造出更高的绩效，它是员工获得职位升迁、加薪、配股或其他精神方面的奖励的重要依据。

在实践中，许多管理者用考评来代替指导和沟通，平时并没有指出员工工作中的任何缺点与不足，甚至还经常夸奖员工，到了考核时却一脸冷漠地告诉员工他的考核结果是不合格的——这是团队管理中员工最反感的一种管理乱象。

管理者的职责之一就是要帮助员工成长、帮助他们顺利完成工作，而不仅仅是制定各种绩效考核指标去衡量员工，将他们分为三六九等去评头论足，更不是在他们达不到目标时惩罚他们，让他们备感挫折、无所适从。因此，管理者应该按前述的目标制定方法，将部门（分公司）的目标分解为基于团队每个成员实际能力的个人小目标，就此与每个下属达成共识。具体而言，管理者首先要明确自己对下属的期望值，经过与下属的充分沟通后，让员工接受这个期望值，然后在工作中不断地指导和反馈，必要时提供所需的帮助，促成下属完成指标。切不可因为管理者自身的懈怠、胆怯（有的管理者比较内向，不爱跟人面对面谈话）或焦虑（怕评估得罪人）而逃避日常与下属的沟通，到年终才用数字来指责下属的绩效，这样的管理者是得不到下属尊重和拥戴的。

最困难的环节是告知下属评估结果环节。管理者一定要记住三个原则：坦诚、倾听以及秉公办事（不要掺杂任何个人感情）。管理者必须在一对一面谈之前，先把书面的评估报告交给被考核的下属，让他有时间消化并仔细体会你所要表达的意思，然后再开诚布公地坐下来会谈。

对于表现优秀的下属，应该毫不吝啬地表示你对他的肯定和感谢，当然也要提出你希望他进一步改善和提升的部分，以期他再接再厉，为组织做出更大的贡献。

对于表现平庸甚至不合格的下属，要以事实为依据告诉他你给出这一评估结果的原因，让他心服口服。接下来就要和下属一起寻找解决问题、帮助下属达标的方法。

此时，下属的表现不外乎三种：第一，心悦诚服地接受你的评估报告以及解决方案，并且答应努力改进。这是最好的结果，说明这次绩效考核做得很成功，但要持续指导、反馈，才能巩固考核的效果。第二，下属可能不太同意你的评估报告，但还是愿意接受你的改进建议。这是可以接受的结果。管理者不必强求每一个下属都跟你的所思所想完全一致，只要他们愿意执行你定下的行动方案即可。第三，下属既不同意你的评估报告，也不愿意改进。这时你就必须拿出管理者的权威，要求他服从，如果他屡教不改，就可能面临被淘汰的危险。

总之，中基层管理者在日常工作中要认真审阅其管辖下的员工的年终考评报告及他们直接上级的评语，并挑选尽可能多的储备干部进行一对一的面谈，倾听他们对公司（甚至是对公司领导）建设和发展的意见和建议，了解他们的职业生涯规划以及人生目标和梦想。这样的方式可以让管理者更深入地了解其管辖的员工，并根据他们的意见和建议来改善公司的管理；同时，管理者尽其所能在帮助员工规划职业生涯、实现梦想的同时,也能够实现组织目标。

👁 延伸阅读

费迪南·佛尼斯.绩效! 绩效! [M].北京:中国财政经济出版社,2003.

本章总结

- 优秀的中层管理者必须具有规划执行、组织协调、团队管理、学习思考、市场营销、财务管理及风险防控等六种能力。
- 人是企业可持续发展的最根本因素,所以招人、留人永远是企业领导者、管理者最重要的工作重点之一,一定要亲力亲为。
- 金钱和福利等"保健"因素只能升不能降,更不能取消,否则会引起员工的强烈不满甚至离职。而尊重、赞美、荣誉、情感、沟通、参与、兴趣、危机、竞争、培训、提升、愿景等非经济手段的激励因素能带给员工强大的行动力,使用这些激励方法,管理者不用再考虑激励成本,激励效果却能大大提高且持久。
- 绩效考核不是简单地考核员工的绩效,而是通过日常的指导和反馈,激励员工创造更高的绩效。

§ 第三章 §

中基层管理者的团队管理技巧

案例 **索尼公司"梦之队"**

在 1990 年 1 月的《商业周刊》(*Business Week*)上,有一篇标题为《索尼公司如何成功实施其引人注目的业务策略》("How Sony Pulled Off Its Spectacular Coup")的文章。据该篇文章介绍,当时索尼公司(Sony)正想探索将一种小型的办公室电脑加入其生产线的可行性。由于这并不是一项亟待解决的工作,公司便决定将之分派给一个由 11 名"不称职"的工程师组成的工作小组。公司给这些工程师留下了相当大的自主空间,对这一工作也并没有寄予太多希望,因为他们认为开发一台办公室电脑远不如构建一个工程工作站来得有意思。而工程才是这些工程师的专长和兴趣。然而,工程师对项目前景却感到非常兴奋,夜以继日地工作,把周末也搭了进去,就这样持续了数月,他们终于将"梦想"变成了现实。

还没等公司高级管理层的项目发起人注意到工程师的这一壮举,他们便已在大约 6 个月的时间里创造出了一个马上可以上市的工作站。要知道,开发这样一项产品的预期时间一般是两年!一年之内,该产品便占领了 20%的日本工作站市场。这一新产品的市场引入是日本计算机行业历史上最为成功的案例之一。然而,该项产品却并不是当时管理层要求工程师团队开发的那个办公室生产线附加产品。索尼公司的管理层一直都没能得到它当时想要的那件产品，但这个管理层在绩效成果方面的收获可能远远超出了其预期的目标。

或许这是一个极端的例子，但是索尼公司"梦之队"的故事确实凸显了团队在任何组织中所表现出来的异乎寻常性。团队的确可能成为功能多样、力量强大的绩效单元；但是也可能难以预测和掌握，并且还很难整合成一项平衡的组织体系和领导方式。因此，管理层除了要学会如何在团队中发展自己的力量，保持一种富有建设性的介入和参与度，更应该学会如何在合适的场合运用团队的力量，这一点是至关重要的。

第1节　高效团队的基本特征

所谓团队，就是指以任务为导向的、由具有不同的但又是互补的知识和技能的个体所组成的集合体。高效的工作团队拥有以下特征：(1)清晰的目标；(2)相关的技能；(3)一致的承诺；(4)相互的信任；(5)良好的沟通；(6)恰当的领导。

由上一章内容我们了解到目标管理的重要性。所谓团队的目标管理，就是要从目标层面调动团队各成员的工作积极性，完成共同的使命。由于团队中人员的层级不同，各自任务目标的设置方法也不一样。具体来讲，团队目标可分为以下三大类型。

第一，领导层制定的是整个公司奋斗的方向性目标。它像灯塔一样，指引着团队各成员奋斗的最终方向。这类目标一般由公司最高层直接制定，比较模糊，但一定要用严谨精辟的语言高度概括地表达，才能起到鼓舞人心、激励大家共同努力的作用。如国内著名的航运企业——上海锦江航运（集团）有限公司，其愿景和目标是"打造以集装箱运输为核心的亚洲一流航运企业"。这个愿景和目标非常明确，能指引和激励全体"锦江人"朝着这个方向一起去奋斗、去努力。

第二，中层管理者制定的过程型目标。它是将公司方向性目标正确地拆分成的、有效的、团队近期可以达到的目的。过程型目标起承上启下的作用，涉及企业各环节、各部门之间的协调运作，制定起来比较复杂，同时还要提供目标考核的可行性方案。比如锦江航运集团旗下各个事业群及其分公司，每年都要围绕如何"成为亚洲一流的集装箱航运企业"这个集团终极目标，根据自己部门或分公司的具体情况，制定各自的年度目标。

第三，基层管理者（一线主管）制定的是理性清晰的、分发给每个成员的具体目标。这类目标一般由一线主管根据员工的实际能力，遵循 SMART 原则来制定，即具体明确的（Specific）、可衡量的（Measurable）、可实现的（Attainable）、绩效指标与其他目标具有一定的相关性（Relevant）、绩效指标必须具有明确的截止期限（Time-bound）。这类目标一定是一线主管根据下属的实际能力，经过与下属充分讨论并被下属接受的，既合理又有挑战性的目标。挑战性会让人产生成就感，可实现性则会让人坚持而不会轻易放弃。它既不是主管碍于上级的压力，拍胸脯拍脑袋拍出来的超过自己团队实力的虚假目标，也不是主管为了减轻压力、蒙混过关而投机取巧制定的低级目标，它应该就像弹跳摸高一样，先往后退三步，再助跑，起跳，这时能够摸着的高度就是一个既合理又有挑战性的目标。比如锦江集团旗下各分公司经理会根据自己分公司的年度目标,让营销部门主管根据各业务员的实力制定各自的既合理又有挑战性的月度业绩指标,并督导他们完成。

当这样的团队目标(又分为月度、季度、年度)一经确立,一线主管就要带领团队不折不扣、没有任何借口地去实现——这是一种契约精神。然而现实工作中,有些团队从未实现过既定的目标,原因是,很多企业领导对于目标的管理办法是逐级增加,员工提出的具体目标到了执行者那里会被往上加一级,到了管理者那里再加一级,所以最后汇总时的目标就会远远超出员工的实际能力,因此导致团队从未实现过阶段性目标。

当一线主管在执行目标过程中发现有困难时,应该自己先努力用突破性思维方式去寻找解决问题的办法,动员全体成员动用各自所有的资源和创意来克服。如果还是没办法解决,一定要提前、主动向上级寻求支援。由于你所处的层级和经验、人脉、资源等各方面条件的限制,有时候你觉得比登天还难的事情,上级能轻而易举地解决。请记住:"求助并不是什么丢脸的事,没有把事情做好,没有达成组织目标才是丢脸的事!"

◉ 延伸阅读

稻盛和夫.经营十二条[M].曹岫云,译.北京:中信出版社,2011.

乔·卡岑巴赫.团队工作[M].熊念恩,译.北京:中国财政经济出版社,2005.

第2节 培养团队新人技巧

相信所有的企业领导者和管理者都知道员工培训对企业的重要性,特别是航运物流业属于服务贸易业,企业最大的资产就是员工,应该在行业提倡"员工是生产力"的理念;企业领导者和管理者要通过重视员工的素质培训、改善工作环境、提高福利待遇和加强团队建设来提升企业的凝聚力,这是企业永续经营、持续发展的动力源泉。

但由于航运物流业,特别是货代行业基本都具有小而散的特点,即使是国际化的大企业,在某一地区的分公司或办事处也不可能有很大的规模,这就决定了这个行业的大部分企业无法对员工进行系统的、全面的培训。如果就此放弃对员工的培训,那在提高员工素质、凝聚员工队伍、提升公司服务品质等方面都是不可估量的损失。所以,企业还是要在力所能及的范围内尽量做好员工培训工作。

企业培训一般分为:新员工基本从业知识和技能的入职培训;为资深员工传授新观念、新新准则和技术的职业技能提升培训;管理者领导力培养。新人,特别是刚从学校毕业步入职场的社会新人,其入职培训是企业发现人才、培养人才、留住人才非常重要的一环。因为应届毕业生刚从学校和家庭相对安逸、舒适的环境进入现实、残酷、竞争的职场,会有一个不适应、迷茫、彷徨的阶段。一个负责任的公司要通过一系列的培训和指导,帮助职场新人树立正确的价值观,让他们了解公司的规章制度和福利待遇,知道企业创始人的创业历程,以及企业的文化、经营理念、愿景和使命等;让他们清楚自己在为一家什么样的公司服务,在公司努力奋斗后的未来会得到怎样的结果,这是否跟他们的价值观、目标、理想相吻合。如果新人经过培训后发现公司的价值观和愿景跟个人的相匹配,他们就会安心地留下来与公司一起打拼,一起去追求梦想的实现!

企业的领导者、管理者应该重视新员工的入职培训,因为它是新员工了解本企业一切的开始,一般要由公司最高主管亲自宣讲,让新人因为能够服务本企业产生自豪感和归属感,这会为员工与企业将来的长远合作奠定坚实的基础。作为培训新人的执行部门人员千万不能将培训简单化、形式化,让新人觉得企业的培训只是草草过场,不细致、欠规范,而要将入职培训做成隆重、正式的仪式,让若干年后成长为资深骨干的员工还能对当年的入职场景津津乐道。

职业技能提升的学习包括:(1)内部学习。向部门内的资深同事和一线主管学习,掌握完成本职工作需要的基本技能。(2)外部学习。鼓励员工参加各种在职教育课程,发展第二专长,例如外语等;或者派员工到行业先进企业去学习取经来提升自我。(3)多媒体课程学习。以影音或游戏的方式传递职业基础知识,比如通过拍摄影片教授工作技巧,最好还能做到随时点击收看。多媒体课程特别适合分公司多、员工分散的组织做移动培训使用。(4)小组讨论。以小组形式进行,把公司之前的失败案例拿出来学习讨论,让同事借鉴,这一点对提高基层员工素质、保证公司服务品质、有效防止员工失误等方面有非常重要的促进作用。针对工作中出现的问题应集思广益,寻找解决方法;或者针对一项主题(比如新知识、新课题、新热点等)召开读书会,让大家增长见识,拓展知识面。

有关领导力提升的培训主要针对公司重点培养的储备干部,相关培训要做到以下几方面:(1)职位轮岗。安排员工定期到其他部门或工作岗位上任职,以便让他们了解整个行业的操作流程及公司对不同岗位的需求,并要求他们在任职期间交出工作成果。(2)参加其他部门的会议。例如,会计部门参加市场营销部和业务部的例会,帮助员工了解其他职位的工作内容,并开诚布公地交流,让彼此明白需要对方哪些支援和合作,以帮助开放思路、加深理解、加强协作,营造团结友爱、互帮互助、和谐发展的氛围。(3)跨部门交流。邀请其他部门各级人员参加本部门的活动,就此加深彼此的了解,增进友谊。(4)深造学习。在与员工共同认可的职业生涯规划中,有计划地让储备干部针对未来需要提升的方面到相关的院校或地区学习进修,为他们胜任未来的工作奠定坚实的基础。

组织这些培训一定会耗费企业不少人力、物力和财力。培训可以请行业的专家精英,也可以让内部足以成为员工楷模的资深骨干来做讲师,这些讲师必须有其权威性,能让受训者信服并从交流中受益。企业的领导者和管理者,要怀着为社会做贡献的公益胸怀来做企业培训,不要因为怕员工流失而忽视甚至放弃员工培训。实际上,如果不对员工进行相应的培训,不合格的员工万一留下来了,企业的管理者该怎么办?公司的服务水平怎么提升?品质怎么保证?俗话说"教不会徒弟累死师傅",企业最高领导、中层管理者,特别是人力资源主管要非常重视员工的培训工作,尤其是新人入职第一课应该由企业最高领导者亲自主持宣讲。

鉴于航运物流业存在已久的员工培训难的痛点,本书三位作者通过潜心调研,在全国范围内广泛征求同行企业领导者、管理者的意见和建议,经过深思熟虑和精心策划,决定于 2019 年元月启动专门针对航运物流货代业企业培训的"立明致远航运物流大讲堂",以服务航运物流货代企业为己任,帮助行业企业以最小的成本、最好的效果做好员工培训、建设坚强团队、培养企业的核心竞争力。该讲堂将努力打造中国航运物流货代业线上线下结合的教育培训优质平台,让行业企业通过该平台解决基层员工素质教育、中基层干部管理水平及高管领导力提升等管理痛点,为中国航运物流货代业健康稳定的发展做出应有的贡献。

最后提醒管理者一点,企业培训的一个难点就是培训过后的一段短时间内,好像可以看出一点培训效果,但不久后一切都打回原形。究其原因,这种"打鸡血"的精神状态是基于人们一时的情感爆发,如果后续过程中没有持续的反馈机制,没有合理的落地方案,培训效果等于零。因此建议管理者在培训后应结合自身特点,制定标准化流程加以落实,这样培训效果才能持久有效。

◉ 延伸阅读

80%的培训成本,为什么不见效果?

钟清扬

说到培训,最大的疑问就是:花了那么大的成本和代价,可为什么收效甚微?问题主要体现在以下三个层面,解决办法也蕴含其中。

第一,80%的成本是用在招聘还是培训上?当一个企业将

20%的成本用在招聘,而80%的成本用在培训上时,这个企业很快就会丧失前进的活力,在人才选、育、用、留的第一个隘口就无法通关。不在招聘上下功夫的企业,只会在培训时痛苦无奈,更会在工作中吃苦头。

第二,80%的成本是用在全员培训还是骨干培训上? 任何一个企业的产品、运营、营销和服务培训等,如果一次性直接拿80%的时间、人力、物力、财力去培训全员,而不是分层次培训,尤其对于最精华的20%的骨干人员缺乏真正有效的培训,则后患无穷:一旦出现只能由最高领导层直接指导员工如何去做的情况,那么也就预示着巨大的隐患,虽短时间来看培训的效果明显,"短平快",但长期来讲,各级管理人员失去了承上启下的价值,其能力会逐步萎缩、丧失,从而制约发展。

第三,80%的成本是用在操作培训还是挖潜培训上? 很多企业80%的培训成本只是用在告诉你该怎么做,以及怎么做是对的,怎么做是错的,怎么做是不合理的。 如此,该企业的人才流动、新陈代谢和潜力挖掘都僵化了。

本文摘自百度文库(http://wenku.baidu.com/view/3c8ab911b207e87101f69e3143323968011cf4ae.html? from=search),有改动。

第3节　提升"90后"、"00后"的归属感并帮助他们成功

◉ 案例分析

　　小杨1993年出生,2016年从外语学院获得英语和法语双学位。为了让所学的外语有用武之处,小杨选择入职一家进出口贸易公司。入职一年半以来,表现中规中矩,没有迟到早退,上级主管交办的事情都能够完成,参加几次国内外展会也能独立布展,与客户交流沟通尚可。但可能因近年来中国国际贸易形势不容乐观的影响,小杨工作了一年半,连一笔业务都没谈下来,自己逐渐丧失了信心和对工作的热情,闲下来开始看手机听歌混日子,师傅和上级都对他颇有微词却又无可奈何。

　　小杨自觉无趣,在朋友的引荐下,毅然辞职,加入了时下年轻人热衷的实景娱乐行业——机械密室逃脱。短短一个月,公司就给他转正;第二个月提拔他为主管助理,负责旗舰店的工作,还获得"明日之星"的表彰;第三个月再次晋升为片区主管,负责辖区内两家店面的工作。他现在每天至少工作12个小时以上,一周只休息一天,有时深夜刚下班回到家,接到店里值班同事的电话,二话没说又冲到店里忙到凌晨客户散去才拖着疲惫的身躯回家。每天回家的第一件事不再像以往那样打开电脑打"英雄联盟",

而是打开电脑给上级写工作日记、打电话讨论工作直到深夜。他这前后判若两人的表现，让他的父母和前同事都感到不可思议，也都在思考：是什么动力让小杨发生如此翻天覆地的变化？

进入新世纪第二个十年，"90后"已成为职场的主力军，伴随着互联网时代成长起来的"90后"特点很明显。他们聪明，富有个性，追求自我价值的实现，享受自我成就感，善于接受新鲜事物，挑战权威但又崇拜偶像，喜欢被尊重，不喜欢被监督等；同时这一代人也普遍存在着随性、任性、抗压性差、责任心不强等缺点。通过以上这个真实案例，作为航运物流业的管理者要认真思考，在新的历史时期，怎样吸引"90后"甚至是"00后"的年轻人加入这个他们眼中的传统行业，并使他们始终保持持续的激情呢？

首先，管理者要开诚布公地跟新一代员工交流。物流确实是一个古老而传统的行业，几千年前，从人类进入文明社会以来，物流行业就存在于人类社会的日常生活中，没有物流行业从业人员的卓越贡献，古代丝绸之路不可能形成，政治、经济、文化等方方面面的国际交流就不可能实现。但物流行业也不是夕阳行业，即使再过几千年，从制造工厂生产的产品也不可能没来由地就出现在你手中，只是物流的经营模式变了，盈利模式变了。阿里巴巴总裁马云先生在2018全球智慧峰会上演讲时说道："20世纪，物流原来靠集装箱，美国、欧洲、日本是物流大国；但是物流未来靠的是包裹，中国应该当仁不让地担当起物流大国的责任，形成对全世界有效、有价值的作用，建立起全球的智能物流骨干网，为未来为客户为社会解决大问题。物流行业对中国经济、对中国未来，乃至于对世界经济和世界未来都极其重要。"

因此,管理者要告诉年轻人:物流行业还有非常广阔的发展空间和强大的生命力,是永远的朝阳产业,只要从业人员能够与时俱进,紧跟时代潮流,不断改革创新,不断锐意进取,物流人可以永远走在时代前列,做新时代的开拓先锋。

其次,管理者要意识到对新一代员工,特别是一些家庭条件较好、只为兴趣和理想工作的"90后"来说,他们不会看在钱的分上而将就一份工作,他们关注的是社会认同、价值实现、个人兴趣之类,关心自己的即时心理感受或享受。金钱和职务已经不是吸引他们工作最重要的理由,他们在思想上追求平等,更看重的是能力而不是等级制度,他们只忠于自己的事业、自己的职业发展,因此管理者不能再靠权力、职位对员工"施压",而只能依靠真诚、实力、能力服众。此时,让工作变得有趣或许是一个不错的方法。在新时代的环境下,管理者的主要工作要放在营造团结、友爱、互助、信任、和谐的氛围上,让工作变得轻松有创意。还要确立年轻人认可的宏大的团队愿景和目标,据此制定游戏规则,让员工自愿参与进来。经理人要注意及时反馈信息并持续保持对员工的激励,而不是把员工招来后就放他们在一边自生自灭。这一阶段,与新生代做好充分的交流沟通,协助他们做好职业生涯规划,并尽力帮助他们实现人生的初步理想和目标,应该是管理者日常工作的重点。

既然这一代年轻人崇拜偶像,作为管理者,就要通过展示称职的认知和技术能力来证明自己有能力履行管理职能,如选贤任能、合理分配工作、提供良好环境等;通过无条件的责任感、正直、谦逊、沟通、协商和情感掌控等特质来展示你的魅力,成为他们事业上的偶像,让他们信服你、跟随你;然后再用教练式的领导风格,鼓励他们参与管理甚至自我管理。管理者需要施加影响力而非通过管控去帮助他们实现人生目标和理想！

美国管理咨询大师罗伯特·迪尔茨在其所著《归属感》中用一句简单明了的话阐述了领导力的定义：创造一个员工想要归属其中的组织的能力（Creating world to which people want to belong）。作者根据多年研究，在书中详细介绍了领导者和管理者需要具备的技巧，即现在的企业要多一点领导、少一点管理，信任和真诚是最佳领导力。

在日常工作中，主管应用欣赏的眼光多关注"90后"的优点，当他们身上的缺点不足以成为团队工作的障碍时，多用宽广的胸怀去包容他们；当他们表现优异的时候要及时给予表扬和肯定。要知道，受到肯定和获得成就、荣誉，是激励员工使其获得归属感两种最有效的方法。

最后，要不拘一格选贤用才。对于那些确实优秀且成绩突出的年轻人，要敢于破格提拔，充分发挥他们的积极性和主动性。对那些故步自封的保守派、既得利益的顽固派来说，何尝不是一种激励和督促呢？

综上所述，要培养"90后"的归属感，让他们具有较高的敬业度，需要从以下三方面引导：

第一，身体力行地培养员工的责任心。这需要管理者时刻严格要求自己并率先垂范。其实"90后"很聪明，不需要教训他们，他们自己就会模仿那种"有料"的实力派上级。

第二，恰如其分地激发员工的进取心。管理者要善于赋能，要给员工一个有奔头的未来，要给他们职位和权力，在实现梦想的过程中体现自身的价值。

第三，目标导向——给员工事业心。这需要给员工足够的发展空间，但一定要小步快跑，给他定一个跳起来能够得着的小目标。短期目标更容易实现，这是让"90后"员工产生自豪感的最好办法。给他们不断试错的机会,他们才能不断改进提升,从而把公司的事业当作自己的事业来奋斗。

本章总结

- 团队不是乌合之众,作为中基层管理者,必须为团队设定清晰的目标,通过有效的沟通,聚合众力,推动目标的实现。

- 中基层领导者应该视培养员工为己任,更要认识到,作为企业的领导者和管理者,要怀着为社会做贡献的公益胸怀来做企业培训,不要因为怕员工流失导致企业损失而忽视甚至放弃员工培训工作。

- 既然新一代年轻人崇拜偶像,那么管理者,就要通过展示称职的认知和技术能力来证明自己有能力履行管理职能;通过展示你的魅力,成为年轻员工事业上的偶像,让他们信服你、跟随你;然后再用教练式的领导风格,鼓励他们参与管理甚至自我管理。管理者通过施加影响力而非通过管控去帮助他们实现人生目标和理想!

§ 第四章 §

中基层管理者的管理沟通技巧

◉ 案例

关于沟通,有个段子广为流传:

有个人问牧师:"我可以在祈祷时抽烟吗?"牧师断然拒绝。另一个人换个说法问牧师:"我可以在抽烟时祈祷吗?"牧师的回答却是:"当然,上帝鼓励人们随时随地向他祷告!"

由此说明沟通方式在达成目标过程中的重要性。有效的管理沟通是每一个中基层管理者的必备之课和实践之本。在人际交往中如何进行有效的人际沟通呢?以下几点可以参考:

1.付出真诚付出爱:多帮助他人;对于他人的帮助发自内心地表达感谢。

2.耐心:耐心倾听;换位思考。

3.学会宽容:背后不说不该说的话;勇于承认"我错了"。

4.积极主动:多示微笑;多说赞美。

5.凡事讲出来:讲出真实的感受和想法;不随意批评、责备、抱怨他人。

6.互相尊重:己所不欲,勿施予人;公平对待自己的下属。

第1节 向上管理和沟通的技巧

下级对上级唯命是从、马首是瞻，服从就好——相信这是大多数人内心的想法。因此向上管理是许多中层管理者很少注意的课题。他们也许会反问："下级怎么可以管理上级呢？"其实管理上级并不难，其中的奥妙就在于用心研究上级的特点，充分运用上级的长处，弥补上级的短处，成为上级的贴心助手，帮助上级成功——这是中层管理者应该掌握的使自己工作卓有成效的关键。

管理大师彼得·德鲁克先生认为："上级对于经理人员的业绩和事业能否成功起着关键作用，其重要性无人能及。"德鲁克先生为此总结了"管理上级"的四大注意和两大禁忌，核心归结为——身为下级的管理者要重点思考："我怎么做才能帮助上级？做什么会妨碍上级？"

管理上级可以从以下四个注意事项入手：

（1）了解上级的长处，知道上级能做些什么，把他的优势发挥出来，同时不让他的缺点产生负面影响。作为下级，你要用心研究上级的性格特点和处事风格。我们可以经常问自己这些问题：

①我的上级是否希望我每个月去一次而不是更多次，并且用30分钟时间介绍我所在部门的业绩、计划和问题？或者他希望我凡事都要汇报或讨论，部门出现了一些小变化、工作取得了一些进展，我都要去找他吗？

②上级喜欢阅读书面报告还是喜欢听取口头报告？上级愿意在早上刚进办公室时就得到这些报告，还是更愿意在一天工作快结束时拿到呢？

③如果管理团队中存在分歧，这位领导希望怎么处理它呢？是希望我们自己解决分歧，得出一致意见后再向他报告，还是希望我们将分歧的所有细节完整地记录下来再进行汇报？

④上级比较擅长做哪些事情？他的优势是什么？他的不足和弱点是什么？（这些正是需要下属积极去支持、帮助和补充的方面）下属的任务就是让上级把优势发挥出来，同时不让他们的缺点产生负面影响。假定上级强于营销而在财务数据与分析方面较弱，对领导的管理就是在领导制定营销决策前，提前为他准备好深入详细的财务分析报告。

对于以上问题，可以通过与上级领导的日常工作互动观察得知，或者通过与上级面对面的交谈而得到答案。比如可以直接问上级："我和我的团队应当做些什么来帮助您的工作？我们有没有做了什么不妥的行为而影响了您的工作并且造成了不良的后果？"不要害怕与上级相处或会谈，上级是人不是神，他们也需要部属朋友般友善而得力的帮助。所以，一个新晋升的中层管理者一定要想办法让自己合理地、频繁地出现在上级的视线中，发挥自己的长处，适时地帮助上级。不管是在公司聚餐还是在其他场合，只要没有严格的座次或参加人员的限制，应尽量出现在上级的身边，但要注意把握分寸，不可喧宾夺主，强出风头！

对于大企业或者外地分公司的管理者，日常不容易与集团高层见面，即使有机会面见领导，由于领导的时间很宝贵，更应该利用这难得的机会用简短的文字、数据或表格等工具，言简意赅地总结，并条理清晰地向领导汇报，以得到领导的重视。

对领导来说,简单、直观、易行的沟通最有效!

(2)不唯命是从,相反,应从正确的事情着手,并以上级能够接受的方式向其提出建议。作为下属,一定要懂得维护上级的威信和尊严,特别是在公开场合。当上级言行举止有不妥之处应小心提醒;当上级的决定与自己的想法不太吻合,而你又有足够的理由认为自己是正确的时候,应该以适当的方式(比如私底下或通过通信工具)低调地表达你的疑问,并提出你自己的意见和建议。在上级还没有改变既往的决定之前,先执行当前指令,切忌在背地里埋怨、议论、发牢骚,甚至发表一些不当的、过激的言论。

在这种情况下,思考问题一定要有融合意识。如果和组织的目标是一致的,那么与上级之间出现分歧可能是因为个人的思想观念、思考问题的出发点和角度、做事的方式方法不同,此时团队应该聚焦组织目标,充分讨论,求同存异。作为下级,应该放下自己的偏见,换位思考,努力保持与上级的契合,力求行事符合情理和事理,以求行事成功,实现组织目标。

万一遇到特殊情况,比如在非常时期,因为时间紧迫而来不及向领导汇报,为了避免商机稍纵即逝,有时可以"君命有所不受"。但下级采取这种方式时要非常慎重,不能频繁使用,而且一定要事后第一时间汇报自己抗命或违命的原因及结果,争取上级的谅解,避免引起上级的不信任,影响今后工作的开展。

(3)不要想着如何改造上级、教育上级,应按上级的特定风格探寻出一套自有的与上级相处的有效方式。世界上没有两个人的工作方式、表现方式或行为方式是一模一样的,下属的工作不是去改造上级、教育上级,也不是让他遵从商学院或管理书籍中对上级的要求来开展工作,而是让上级在团队的支持下按照自己特定的行为风格去做事。下属的任务首先是让自己去适应上级的习惯和风格,使之成为所在团队的一种特质,在与上级和谐相处的过程中帮助他做出有利于完成团队任务的微调,保证团队乃至组织目标的实现。久而久之,你所在的团队就会呈现出一种和谐的精神风貌和统一的行为风范——这是团队管理成功的最高境界。

(4)确保让上级清楚你能胜任什么,对你可以期望什么。日常工作中经常发生这样的情况:下属觉得自己非常努力,并且超额完成了上级下达的任务,但上级却觉得下属表现差强人意,甚至离自己的要求相去甚远。究其原因,就是双方对彼此的期望值没有进行充分的沟通,所以无法达成一致。

作为中基层管理者或项目团队的负责人,你可以在每次行动前或行动中阶段性地与上级沟通反馈,让上级清楚地了解你及你的团队的情况,确保上级明白对你可以有什么样的期望,你和你的成员能够完成什么样的目标和任务,你优先考虑的是什么事情,你不重视的事情又是哪些。这些并不是都要获得上级的批准——有时其中一些事情甚至是上级不喜欢的。通过阶段性的沟通反馈,可以让上级清楚任务进度,这样上级才能及时发现问题,及时调整,同时也知道你能胜任什么,对你可以有什么期望。毕竟,上级也得通过下属的表现而获得他的领导的嘉许。他必须能够脱口而出:"我知道××能干什么。"只有他们能说得出这一点,才能正确地给手下经理分派任务。

接下来,我们讨论管理上级的两大禁忌:绝不让上级感到意外! 绝不轻视自己的上级!

第一,绝不让上级感到意外! 员工有责任保护上级不受到"惊吓"——即便这是你认为的"惊喜"(如果存在这种情况的话)。在上级负责的组织中让他感到意外,会置他于不知情的尴尬中。试想当上级的领导因某件事情而当面表扬他管理的团队,但这位经理对此毫不知情,一头雾水时,他会陷于被蒙蔽的境地,从而被更高层的主管误以为他失去了对自己团队的控制。切记:所有的领导都不喜欢"大吃一惊",否则他们将有充分的理由不再信任团队成员。因此,要让上级觉得一切尽在掌控之中,可以通过保持阶段性地向上级汇报工作的习惯以维护与上级的相互信任关系。以下就是部属需要及时向上级汇报的主要工作内容:

(1)独自处理了新的问题,要及时告知上级处理的结果。

(2)上级交代的事情无论完成与否,都应该在最短的时间内汇报,按时完成要汇报,不能按时或者不能按要求完成更应该汇报,好让上级及时做出调整或做出新的安排。

(3)每一个工作时段要主动汇报自己的工作结果。比如一周、一月、一季、一年,不管上级是否有要求,都应该主动向上级汇报工作进展、得失(经验教训)等,以便上级在企业经营决策或工作战略上做出安排或调整。

(4)主动汇报企业新政策、新方案的执行情况。

(5)有好的想法或新的想法、认为对企业有帮助而自己又拿捏不准时,要及时汇报。

(6)如上级做出的决策在执行中招致员工不满,要马上汇报。

(7)外出参观或学习有了新的见闻或收获要汇报。

汇报可以采用多种形式,手机短信、电子邮件、书面报告、口头报告均可,一切以上级喜欢的方式为准,原则是及时准确地递交。

第二,绝不轻视自己的上级!有些上级看上去很无知或者很愚蠢——尽管有时候他们的确如此,但如果你轻视上级的话,他要么会看穿你的想法并伺机报复,要么会把你强加给他的"弱智或无知"加到你身上,同时把你看作无知、愚蠢和缺乏想象力的人。请记住,下级是没有能力和资格去评价上级的,上级的领导岗位是上级的上级确定的,是公司按照岗位职责的需求寻找到的合适人选。同时作为上级的上级领导,他的判断力应该远胜于作为其下属的你,你就不要给自己找罪受了! 更有甚者,一些不知天高地厚的年轻人有着"干掉老大当老大"的错误观念,以为把自己的上级从管理岗位上拉下来,自己就有机会取而代之。殊不知,从管理的角度来考量,你的上级表现不行,上级领导就会认为你们整个部门(分公司)都不行,不会认为只有部门主管不行,而部门成员却非常优秀。公司一般宁愿从其他单位调一位管理者过来任职,也不会从一群比较差、不懂得尊重上级、缺乏团队精神的下级中提拔干部!

反之,高估上级是没风险的,这样做最坏也不过是让上级觉得你在夸赞他而已,无伤大雅。何况人都有虚荣心,一般会尽力满足人们的期望值而不辜负周围群众的肯定和拥戴,这样整个团队不就在上级的带领下往着更高的目标一起去努力了吗?

俗话说:"观人易,察己难。"观察别人,我们都是"专家"。但上级也是常人,他们有长处当然也有弱点,作为贴心助手应该协助上级扬其所长而避其所短。有些心高气傲的年轻管理者经常会哀怨自己"怀才不遇""英雄无用武之地"等,其实,成长中的管理者应该时刻保持谦虚谦让的清醒心态,经常反省自己:我是不是英雄? 我是什么样的英雄? 一个真正的谦谦君子要懂得视己之短、学人之长,不断学习,不断前进而不居功自傲。当然,如果这个上级确实愚蠢到让你无法忍受,建议你向更高层申请调离部门而不要直接与上级发生冲突,甚至轻视他,否则你将面对更深的痛苦和职场生涯的停滞。

总之,管理上级并不难,只要做到"察其所好,尽己所能"即可,就是要研究上级,观察上级所好,了解他的意图,揣摩他的心思,读懂他的言行举止,然后分析自己的能力是否能够和上级的要求相匹配,自己的核心竞争力是否与组织的需求相一致。许多管理大师都建议经理人至少要把70%以上的时间和精力放在向上管理方面,作为下属的主要任务就是在自己的职责范围内,掌握"忠不过职、职不过官、功不震主"的原则,努力帮助领导有效地工作并且取得尽可能好的业绩,这也符合下属自身的利益。毕竟,一个人取得成功的最佳方法就是服务于一位前途光明的上级,上级成功了,你的未来也会受益无穷。

在管理上级的过程中,技巧性的沟通尤为重要,必须根据上级的特点进行有效的沟通。

(1)与上级沟通的准备

要全面、充分地了解上级的风格及特点,包括:上级的教育背景、成长经历、工作经历、性格习惯、业余爱好、处事原则、喜好与忌讳、与其他领导的私交情况、目前最大的压力。

(2)与上级沟通的注意点

①主动汇报≠溜须拍马。主动沟通的内容包括:征求意见、报告进度、反映困难、确认工作方向。主动沟通有利于上级领导及时掌握团队动向及任务完成的进展情况,同时也能够让团队及时了解上级的真实意图,消除与上级间的误会,反省纠偏,而且能使工作结果与上级的期望保持一致。

②忠诚于上级。在与上级的沟通中,不欺上瞒下、不搬弄是非、不吃里扒外,选择合适的时机、地点和方式,表达诚意与善意,表达忠言但不要"逆耳"。

③受得了委屈。不当面顶撞领导,不因其一时情绪化或误解而怀恨在心;可找机会主动沟通说明情况消除误会;给领导

找台阶下。

　　请记住：要做优秀的领导者，先做杰出的追随者！

第 2 节　向下授权和沟通的技巧

　　一线主管在被提拔之前都是优秀的员工，在原来的工作岗位上的是出类拔萃的。晋升主管之后，部属的工作能力参差不齐，当一些下属表现得不尽如人意的时候，身为主管恨不得撸起袖子帮他干。殊不知这犯了管理者的大忌：不懂得授权，代员工干活！这样做的结果就是员工永远不会成长，无法独立工作，无所事事；而身为主管的你永远有干不完的活，整天拆东墙补西墙，忙得跟无头苍蝇一样，却堵不住不断出现的漏洞，陷入身疲力尽的尴尬境地。

　　第一，一线主管要克服对下属没信心、不敢交办工作的迷思。你必须换位思考：自己不也是从一个一窍不通的"菜鸟"，通过学习和磨练，慢慢地进步成为一个熟手，进而成长为公司的骨干而得到重视提拔的吗？所以，主管要事先做好培训和辅导工作，然后让下属在可控的范围内去学习、去锻炼，这样才能让下属进步从而很快地独立工作。

　　第二，主管不能大大咧咧地当甩手掌柜，要充分了解自己下属的性格特质和优缺点，根据工作内容的不同，慎选交办的工作与人员，做到既能知人善任，让下属做感兴趣、能发挥其优势的工作，又能规避风险，不犯"诸葛亮斩马谡"的用人之误。

第三，为避免沟通的失误，主管要懂得利用书面形式写清楚交办工作的内容和希望达成的目标，有必要让员工复述一遍，以保证员工准确无误地了解你交办的工作内容和要求。最好能提示下属在遇到问题时采取什么措施或向谁求助，这样，下属遇到问题就不会慌乱，而是能胸有成竹地去应对。

第四，明确要求部属在规定的期限内达成目标。在规定的期限内，身为主管要学会忍耐，不随便干预部属正在进行的工作，但必须定期与部属沟通工作现状及进度以便掌握状况，根据实际情况及时做出对应的调整。

第五，在执行任务的过程中，必须提供部属所需的资源和支持，成为下属可以信赖的依靠。

第六，当下属的工作有所进步时，要秉持明确、具体、及时、真诚的原则给予表扬肯定。要明确地指出他受称赞的行为，明确地肯定他的所作所为对公司的整体效益的帮助并与公司的企业文化（惯常的做法）相符合。

第七，一线主管不能当老好人，当员工的表现不尽人意的时候，要及时地批评并纠正。注意反馈要及时，在小范围最好是私下两个人的场所，态度温和地指出你不满意的地方。原则是：注意保持沟通的顺畅，不要情绪对立；对事不对人；真诚；最后用鼓励来结束。

授权就像放风筝，你要善用手中的绳子，既能让风筝自由自在地翱翔于蓝天，又能在必要的时候将其拉回自己的跟前。坚持这样的实践，久而久之，你的威信就会逐步建立，下属就会信服你是团队的领头羊而追随你，而你的团队就会成为一支有战斗力、有激情、有活力、使命必达的优秀团队。

与下级沟通的策略，归结起来就是——明确，明确，再明确，创造条件解疑难。

（1）明确责任人、验收标准和要求，以及完成的时间和进度。

①避免分工不清或多人负责，在明确责任人前，双方应达成共识；

②明确责任人的权利和责任，必要时给予精神和物质激励；

③尽量将要求一次说清或留有提前量；

④跟踪进度并适当督促。

（2）重视倾听的作用，及时了解下属的困难和需求，并给予指导。

下级在完成任务的过程中，可能会因为主客观的原因而遇到难以解决的问题，作为上级主管，要让下属跟上你的思路，应该腾出时间，倾听下属的需要和困难，尽一切努力为他们排忧解难，出面调配资源，创造良好的内外部环境，保证团队任务的完成。

第3节　书面沟通——如何写一份合格的工作报告

这里所提的工作报告一般指的是两个方面：一方面是一线主管要主动提交自己的工作报告（包括但不限于周报、月报、季度报、年报、访客报告、出差报告等）给上级；另一方面是一个合格的主管要认真地审阅下属的报告，并认真地批注，切不可敷衍了事，这也是管理好团队的一项基本工作。

写好一份合格的工作报告是一个优秀的职场人应具备的基本素质。写好报告，既能让自己的归纳总结、逻辑推理、书写能力等得到锻炼和提升，又能让上级充分了解自己的工作情况、存在的问题、解决的办法或思路或建议等，是一种很好的与上级沟通交流的方式方法，特别是总部在异地的外派干部更要掌握这种方式方法。很多人觉得写工作报告下笔太难，其实这是平时不常写、不自信、缺乏练习造成的，只要坚持练习、保持每天阅读并养成写日记或心得的习惯，假以时日，就可以让自己流畅表达，成为写作高手。

一份合格的工作报告应该先总结自己前一段时间的工作情况，如：有没有达成目标？达成目标的原因是什么？没达成的原因又是什么。要深刻检讨没有达成目标的根源，结合团队成员的智慧，分析原因，寻找解决办法，在下一段工作期间争取弥补回来，必要时向上级寻求支持。注意，这就是对目标的承诺！

工作报告的另一个主要内容就是做下一个时间段工作的计划。根据要事第一的原则，把本团队在下一个时间段要完成的主要工作列出来，然后就如何完成这些任务做出详细的计划。这个计划要得到团队成员和上级的共同认可，然后大家齐心协力地去完成。

工作报告的最后部分要就公司（集团）工作中存在的问题或需要改善提高的地方提出合理化建议；对工作中存在的难点、痛点，要动用自己的一切资源并动员全体成员群策群力来共同克服，并为组织创造最大的效益。

写报告时，最好要先充分酝酿，打好腹稿，针对自己要写的内容，先理一遍思路然后再动笔；要在上级要求的时限前提交报告，给上级留下可靠的印象；在提交报告之前，一定要再检查一遍,看看有没有错别字,所列举的案例、数据是否正确等。

如果能养成用以上方法按时提交各类报告的好习惯,相信你一定会在同级的一线主管中脱颖而出,赢得上级的肯定和关注。

大家知道,职场上最重要的一个环节是双方有效的沟通,如果上级能认真审阅报告,并给予关注,甚至给出意见和建议,这时你会感觉到上级对你的关心和重视。所以,换位思考,你想成为一名优秀的主管,在团队中树立你的威信,让员工尊敬你、信服你、跟随你,就要以身作则,关心员工,帮助员工成长和进步,这时候你对员工的意见、建议,特别是对他们日常报告的批阅、点评就非常重要,不要让员工觉得你对他们的报告不闻不问,或者束之高阁,那么久而久之,员工就会失去写报告给你的激情或者敷衍了事,而你也失去了一个有效倾听、了解员工心声的途径,就无法真正有效地管理你的部门来达成组织目标。主管应该意识到老员工需要鼓励和激励,新人更加需要,因此在对待下属特别是新人的报告时,管理者应做到以下四点:

(1)对下属提出的意见或建议,先肯定他们的做法,再阐述你的看法;

(2)对报告中关于工作认识的总结要进行批注,对于总结得好的要给予表扬;

(3)如果写的报告有不足之处一定要善意提醒,就如何写好一份报告提出你的意见和建议;

(4)根据报告,管理者应不定期找下属了解情况,确认其报告所描述的学习、工作的进度并确切知道下属对本职工作的适应情况。

如果一线主管能做到以上几点,将对激励下属,特别是新人的积极性、主动性,培养他们的归属感起到特别重大的作用。

👁 延伸阅读

《人民日报》、新华社、《中国青年报》等官微头条于 2018 年 5 月 17 日相继报道,在当日举办的首场"清华名师教学讲坛"上,清华大学校长邱勇表示,将在今年秋季入学的 2018 级新生中开设"写作与沟通"必修课,由中文系教授、著名作家刘勇和历史系教授、教务处处长彭刚共同担任该课程的负责人。计划到 2020 年,这门必修课覆盖所有本科生,并力争面向研究生提供课程和指导。清华大学教务处处长彭刚说:"'写作与沟通'课程定位为非文学写作,偏向于逻辑性写作或说理写作,以期通过高挑战度的小班训练,显著提升学生的写作表达能力,提高沟通交流能力,培养逻辑思维和批判性思维的能力。良好的写作水平、语言表达和批判性思维,不仅只是锦上添花,更应是中国大学生必备的底层能力。清华大学开了个好头,希望有更多高校跟进。"

第4节　会议沟通——如何开一个高效的会议

管理者都知道,开会对公司日常管理的重要性,但又苦恼于每天被各种沉闷、低效、毫无意义的"文山会海"消耗了不少时间而无法专注做自己重要的工作。管理者应该明白,会议是从事管理工作必需的媒介,虽然无法避免开会,但能让会议更有效率。那么,怎样才能将会议变得高效且有成果,成为公司管理的有力手段呢?

可以将会议分为程序型会议和任务型会议两种。程序型会议的主要作用是教育训练、知识技能及信息的交流,它按会议内容又分为:

(1)与部属的一对一会议,它的主要目的在于互通信息以及彼此学习。经过对特定事项的讨论,你可以将技能及经验传授给下属,并同时建议他切入问题的方式;而下属也能就工作中碰到的问题向你汇报并与你探讨。据调查,下属是非常期待至少每季度可以和自己的直接上级进行一次一对一的面谈。此时,应该由下属负责准备一对一的会议纲要,地点可以在咖啡厅或他的办公室,最好不要在你的办公室,这样能让下属比较轻松自然地表达他的所思所想。时间至少要 1 小时。会后有会议记录,包括会谈中达成的共识、下属的建议、你的意见及下次会议要讨论的议题等,以便下次跟踪。一对一会议能让你和直接下属建立密切的关系,加深对下属的了解并得到很多你意想不到的信息和情报,以帮助下属改善和提高工作,达成你想要的目标。

(2)部门会议。参会人员包括部门经理及其下属。例如业务例会,可以利用每天上午上班后短暂的十五至三十分钟,也可以利用每周一次下班前的一个小时。它为同事们之间提供一个互相交流、分享信息的机会,同时也是合理分配任务、检讨成败得失的好机会。部门会议一般要预设议题并留有给与会者发言讨论的时间。通过部门会议,你可以了解下属每天、每周的工作情况和外部的市场信息,并增进下属间的互动,是做好部门管理工作的关键手段之一。

(3)运营总结会议。这个会议应该由总部高管主持,各职能部门长和分公司经理共同参与,一般是每月、每季、每半年、每一年各举办一次,主要是总结过去一段时期各自部门(分公司)的工作绩效,检讨是否达成预订的目标,达成的动力是什么,没有达成的原因是什么,如何补救以便完成或超额完成本部门(分公司)对总部的目标承诺。

在这样的会议上,经理们要一起来检讨和承诺,检讨各自的行动是否符合公司文化、愿景、使命和价值观,并探讨如何通过创新来保持公司可持续发展的优势和活力。

主持人应要求报告人不要照本宣科地读事先提交的书面报告,并就下属的汇报提出问题和意见,同时指导下属处理事情的方法。主持人要鼓励与会人员参与会议讨论,并以身作则地带动自由讨论。如果会议内容不涉及集团的机密,应让公司要培养的储备干部参加会议,因为他们可以从会议中学到决策是如何做出来的以及怎样审查工作流程等内容。会议可以成为储备干部学习的重要课堂,因为它揭秘了一个公司是怎样运作的。而总部领导也可以通过储备干部的发言对其有更深的了解,有利于组织的人才梯队培养。

任务型会议是为了达成特定目的、按需要随时召开的,在会议中必须要做出某些决定。它又分为计划型和应急型两种,计划型会议讨论预算、指标、竞标、项目等,应急型会议讨论的议题包括突发事件的处理等。这类会议的特点是:按需随时召开;人数不超过 7 人;不容旁观者。

计划型会议成功与否的关键在于会议主席,为了在会议上能做出决策,主席在开计划型会议时一定要开会前会,让参会经理人都了解开会的目的,以便能够充分发表各自的看法,也有助于建立与参会者的信任和互动;事先争取有发言权、有影响力的更高层的支持,避免出现意外;尽量要有结论,并预定下次会议的时间来检讨实施的情况；一定要有会议纪要来记录和事后跟踪。

对于针对公司突发事件而召开的应急型会议，要求主持人一定要能高效并快速地做出决定。会议记录尽可能做到让看的人知道有什么事该做、由谁负责去做以及什么时候去做，并将会议记录以最快的速度送到与会人员的手中。但请记住：如果经理人将超过25％的工作时间用在应急会议上，这个组织就一定出问题了！

总之，会议失败的原因一般有两个：一是主持人没有事先设定清晰的主题和议程；二是其他与会者都有各自的议程，而无法达成统一。所以，明确每个会议的目的，理好会议纲要，是开好每个有效会议的前提保证。

👁 延伸阅读

陈春花.目标承诺［M］.激活个体.北京：机械工业出版社，2015.

怎么才能开好周例会？

管理其实很简单，但做到真难！就拿开周例会来说，这是一件非常简单又非常难做好的事情。如何开好这种会呢？

（1）目的。会议一定要有目的，而且这个目的应该是具体的。通过跟进、细化、发现问题，推进月度、年度目标的实现。总之，目的应该非常明确，是为了达成目标解决实际问题。

（2）议程。明确的议程可以提高效率①上周行动计划的完成情况；②过程中好的方面及存在的问题，需要改进的地方；③新的行动计划和目标、责任人。

（3）时间。时间应相对固定，周例会 1 个小时就可以了，超过 1.5 个小时的会议一定是在浪费时间。

（4）信息。会议内容应强调目标导向性，聚焦在上周和本周的行动计划和成果上。而现实中，很多人在例会上是读自己的流水账。

（5）结果。会议要有结果，会议上制定的行动计划如何落实、目标和评价标准是什么、责任人是谁、资源保障是什么，要发现其中的问题，为下一步改进提供基础。

笔者曾对某国有商业银行某部门进行工作量饱和度的测查。部门员工称，他们的周例会要开一上午。如果按 3 小时核算工作量，这个部门共有 10 个人，假如把周例会控制在 1 小时之内，仅这一项工作，就能节约出 20 小时，相当于一个人 2.5 天的工作时间，而这个部门却一直在抱怨人员编制紧张，需要增加人手。

转自张登印新浪微博，有改动。

本章总结

- 向上管理的基本之道是：察其所好，尽己所能，助其成功。
- 向下授权就像放风筝，你既要让风筝可以自由翱翔于天空，又可以在必要的时候将风筝拉回到自己跟前。

- 写一份完整的工作报告是一个优秀职场人基本的素质之一,而认真批阅下属的报告则是团队建设、有效沟通的重要方式之一。
- 会议是中基层管理者用以与下属员工阐述目标、进行决策、整合团队努力等的沟通方式之一,运用不当会浪费时间,消耗精力;学习有效的组织会议的方法,则能够达到事半功倍的效果。

§ 第五章 §

非财务主管的管理者必须掌握的基本财务知识

第1节　看懂基本的三张财务报表

当今社会已步入商业社会,经济与每个人都变得密不可分,那些认为只有大老板或者财务工作人员才需看懂财务报表的观点早已过时。财务报表就像企业的一张脸,里面的数字往往能反映这家企业的经营状况。因此看懂财务报表可以使企业管理者正确地把握企业目前各方面的状况,从而为部门或分公司的工作做出正确的决策。

可是,对于非财务专业出身的其他各部门主管来说,充斥着数字的表格型财务报表容易让人看得云里雾里,不知其中各个数字所代表的含义。其实,看懂财务报表没有那么难,要读懂财务报表,首先要了解财务报表是对企业财务状况、经营成果和现金流量的结构性表述,因此财务报表至少应当包括图5-1所示的三张报表:

(1)资产负债表;

(2)利润(损益)表;

(3)现金流量表。

財務報表 {
　資產負債表(記錄資產和負債,反映公司框架和基礎牢固程度)
　利潤(損益)表(記錄一段時間內的收入和費用)
　現金流量表(流入、流出公司的全部現金情況)
}

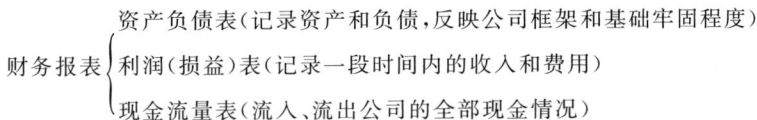

图 5-1　财务报表

一、资产负债表

(一)资产负债表是什么

资产负债表是反映企业在某一特定日期(如月末、季末、年末)全部资产、负债和所有者权益情况的会计报表,根据"资产＝负债＋所有者权益"这一平衡公式,将某一特定日期的资产、负债、所有者权益的具体项目予以适当的排列编制而成。它表明企业在某一特定日期所拥有或控制的经济资源、所承担的现有义务和所有者对净资产的要求权,是一张揭示企业在一定时间点财务状况的静态报表。资产负债表是会计学上相当重要的财务报表,最重要的作用在于表现企业主体的经营状况,企业主体或公司的资产、负债与股东权益的对比关系。内容如图 5-2 所示:

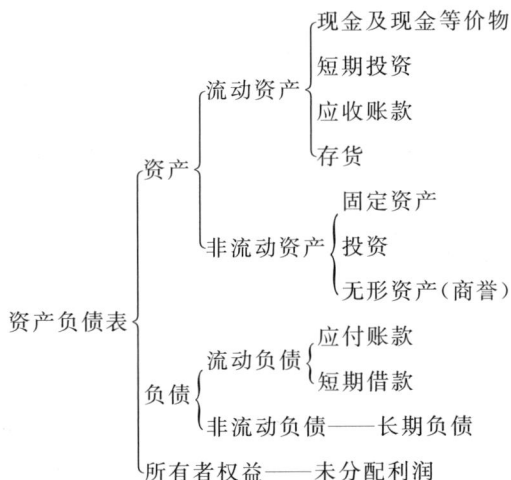

資產負債表 {
　資產 {
　　流動資產 {
　　　現金及現金等價物
　　　短期投資
　　　應收賬款
　　　存貨
　　}
　　非流動資產 {
　　　固定資產
　　　投資
　　　無形資產(商譽)
　　}
　}
　負債 {
　　流動負債 {
　　　應付賬款
　　　短期借款
　　}
　　非流動負債——長期負債
　}
　所有者權益——未分配利潤
}

图 5-2　资产负债表

(二)资产负债表的构成

要读懂资产负债表,首先要明白资产负债表的结构和组成部分,即上述所说的"资产=负债+所有者权益"。一般的资产负债表格式是这样的:左侧是公司的总资产,右侧是负债和所有者权益。

(三)资产负债表的作用

弄明白格式以后就需要从里面"挖"内容了。右边的负债和所有者权益反映了企业的融资能力和实力,负债是企业的借贷状况,所有者权益是股东的自有资金。企业要生存,首先要有实力和资金,如果负债的比例过大,应付账款过多,借贷过多,你马上明白,这个企业的资本并不雄厚,你不能给它太多的授信额度,因为它不一定有能力付清你的所有账款。

另外一个问题就是可以看出企业的实力。看报表右边,首先看一下有多少实收资本金,也就是所有者权益。近年,国家简化商事注册手续和放开注册资本到位验资的时间限制,企业的注册资本只要在法律规定的期限内分批到资即可,因此有不少公司表里不一,营业执照上注册资本很庞大,但实际到资寥寥无几,这样的企业,其实力值得考量。从报表的左边,可以看出企业的生产经营策略。看企业借来钱以后做了什么事情:是买了固定资产还是投入到流动资产,又或是买了无形资产,这些资产的比例结构是什么关系。比如说,物流货代等商贸企业可能流动资产比例比较大,工业企业可能固定资产比例比较大,从事生产得有机器、厂房、设备,就要进行大量投资,这种大量投资就列入固定资产中,那就能看出你的生产经营策略,看出钱来了以后往哪里花,也能看出这个企业到底是什么类型的企业。所以,资产负债表从大处来看,右边看融资和实力,左边看企业的经营策略。

接着,看企业的经营状况。一个企业的负债与资产的比例过高,表明企业有较高的财务风险,甚至会有资不抵债的可能;如果企业的存货占总资产的比例太高,说明企业的销售情况不容乐观;如果企业应收账款的比例过高,说明企业资金回笼存在问题;而固定资产的本期增减情况可以看出企业的投资情况。

资产负债表反映了公司在特定时点的财务状况,是公司的经营管理活动结果的集中体现。通过分析公司的资产负债表,能够揭示公司偿还短期债务的能力,公司经营稳健与否或经营风险的大小,以及公司经营管理总体水平的高低等。

(参见表 5-1)

二、利润(损益)表

(一)利润(损益)表是什么?

利润(损益)表是反映企业在一定会计期间的经营成果的会计报表,是一段时间内公司经营业绩的财务记录,反映了这段时间的销售收入、销售成本、经营费用及税收状况,报表结果为公司盈利或亏损。利润表是一张动态报表,可以为报表的阅读者提供合理的经济决策所需要的有关资料,可用来分析利润增减变化的原因、公司的经营成本,从而做出投资价值评价等。内容如图 5-3 所示。

(二)利润(损益)表的构成

简单地说,利润(损益)表的公式为:利润=收入-支出(成本、费用)。如果收入大于支出,那么利润为正,公司就是盈利的;反之,支出大于收入,利润为负,公司就是亏损的。

表5-1 2017年×××国际货运代理有限公司资产负债表

单位:元

资产	行次	年初数	期末数
流动资产:			
货币资金	1	8,262,764.98	10,096,051.95
短期投资	2		
应收票据	3		
应收股利	4		
应收利息	5		
应收账款	6	13,190,824.69	12,729,561.38
其他应收款	7	2,748,122.91	5,630,714.48
预付账款	8	1,564,215.99	1,661,148.95
应收补贴款	9		
存货	10	222,940.98	144,834.97
待摊费用	11		
其他流动资产	13		
流动资产合计	15	25,988,869.55	30,262,311.73
长期投资:			
长期股权投资	17		
长期债权投资	19		
长期应收款	21		
长期投资合计	23	—	—

负债和所有者权益	行次	年初数	期末数
流动负债:			
短期借款	51	4,000,000.00	4,000,000.00
应付票据	52		
应付账款	53	5,139,540.48	4,640,225.87
预收账款	54	91,491.00	184,641.00
应付工资	56	420,955.52	75,998.82
应付福利费	58		
应付利息	60		25,761.67
应交税金	62	3,452,657.37	2,850,704.45
其他应交款	64		
其他应付款	66	1,584,345.88	155,027.04
预提费用	68		
一年内到期的长期负债	72	63,021.10	37,835.42
其他流动负债	74		
流动负债合计	76	14,752,011.35	11,970,194.27
长期负债:			
长期借款	78		
应付债券	79		

续表

资产	行次	年初数	期末数	负债和所有者权益	行次	年初数	期末数
固定资产：				长期应付款	80	37,835.42	
固定资产净值	26	530,436.45	729,405.14	长期负债合计	83	37,835.42	—
减:固定资产减值准备	27						
固定资产净额	28	530,436.45	729,405.14	递延税项：	84		
工程物资	29			递延税款贷项			
在建工程	30			负债合计	85	14,789,846.77	11,970,194.27
固定资产清理	31						
固定资产合计	32	530,436.45	729,405.14	股东权益（或股东权益）：			
无形资产及其他资产：				实收资本（或股本）	86	6,500,000.00	6,500,000.00
无形资产	35	59,799.68	67,293.69	减:已归还投资	87		
长期待摊费用	37	1,449,633.71	2,071,356.49	实收资本（或股本)净额	88	6,500,000.00	6,500,000.00
开办费	39			资本公积	89		
其他长期资产	41			盈余公积	90	1,138,048.11	1,138,048.11
无形资产及其他资产合计	43	1,509,433.39	2,138,650.18	其中:法定公益金	91		
				未分配利润	92	5,656,079.39	13,605,934.06
递延税项：				所有者权益（股东权益）合计	93	13,294,127.50	21,243,982.17
递延税款借项	45	55,234.88	83,809.39				
资产总计	50	28,083,974.27	33,214,176.44	负债和所有者权益（或股东权益）总计	98	28,083,974.27	33,214,176.44

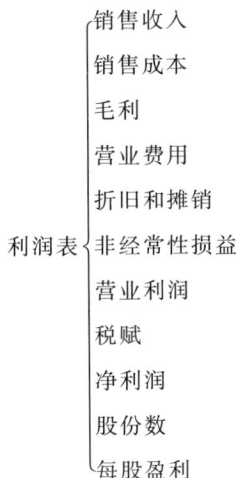

```
                          ┌ 销售收入
                          │ 销售成本
                          │ 毛利
                          │ 营业费用
                          │ 折旧和摊销
                   利润表 ┤ 非经常性损益
                          │ 营业利润
                          │ 税赋
                          │ 净利润
                          │ 股份数
                          └ 每股盈利
```

图 5-3 利润表

(三)利润(损益)表的作用

要看懂利润(损益)表,就要关注收入的来源和支出的目的。虽然利润(损益)表最核心的公式就是"利润＝收入－支出",但是,由于公司不同、业务不同,组成收入的来源也会不同,根据不同的目的而产生的支出也不同。同时,有些收入或者支出是经常性的或者持续性的,而有些收入和支出则是一次性的或者偶尔产生的。因此,我们在考察公司的利润时,就必须考虑应该重点关注哪些收入或者支出,哪些收入或者支出可以忽略或者不必重点关注。

公司的收入包括经营收入(如产品和服务的销售)、投资收入和营业外收入,通常使用的收入概念是销售收入或者营业收入,是公司通过经营活动产生现金流量的来源,是评价该公司市场竞争力、盈利能力的主要指标之一。基于对行业和企业经营环境的了解,管理者看报表可以将本期收入与上期或去年同期相比,看是否异常或存在较大的波动,如果有波动,波动是否符合企业及行业季节性、周期性的经营规律,防止人为的操纵。

营业外收入是指与企业经营无直接关系的收入,包括:非货币性资产交换利得、出售无形资产收益、债务重组利得、企业合并损益、盘盈利得、教育附加费返还款、政府奖励或补贴、捐赠所得等。营业外收入并非由企业经营资金耗费而产生,可视作纯收入,可不与有关费用进行配比。

公司的支出可以分为成本和费用。成本是与所销售的每件商品或服务相联系的,反映了为了生产或者销售产品或服务而支付的款项,比如购买原材料或购置车辆及办公设备等。而费用则是指为了维持公司日常经营而花费的支出,如薪金、办公场地租金、公用事业费、法律费用、销售费用、财务会计费用、通讯费用、差旅费、交通费等。其中财务费用包括利息支出、汇兑损失、银行手续费等,作为国际贸易活动的一环,国际物流货代企业的经营与国外代理、客户的往来密不可分,应收账款多用美元为结算单位,因此经营结果受外汇汇率波动的影响巨大,有时候,企业甚至会因为应收账款的汇兑损失而侵蚀了企业的利润,甚至出现亏损的现象。这一点,管理者应特别加以注意,并采取必要的措施给予防范。

营业外支出是指与企业经营无直接关系的支出,与营业外收入相对应。企业正常经营,此类支出不会太多,一旦发生都应有具体原因,如果无理由的激增,就要注意有无人为调节的嫌疑。

利润(损益)表上所反映的会计信息,可以用来评价一个企业的经营效率和经营成果、评估投资的价值和报酬,进而衡量一个企业在经营管理上的成功程度。具体来说有以下几个方面的作用:

(1)利润(损益)表可作为经营成果的分配依据。利润(损益)表反映企业在一定期间的营业收入、营业成本、营业费用以及营业税金、各项期间费用和营业外收支等项目,最终计算出利润综合指标。利润(损益)表上的数据会直接影响许多相关集团的利益,如国家的税收收入、管理人员的奖金、职工的工资与其他报酬、股东的股利等。

(2)利润(损益)表能综合反映生产经营活动的各个方面,可以有助于考核企业经营管理人员的工作业绩。企业在生产、经营、投资、筹资等各项活动中的管理效率和效益,都可以从利润数额的增减变化中综合地表现出来。通过将收入、成本费用、利润与企业的生产经营计划对比,可以考核生产经营计划的完成情况,进而评价企业管理团队的经营业绩和效率。

(3)利润(损益)表可用来分析企业的获利能力、发展能力及预测企业未来的现金流量。此时,管理者要关注毛利率这个概念。毛利率=(营业收入-营业成本)/营业收入×100%。它反映了企业初始的获利能力,是企业实现利润总额的起点,表明企业对营业、管理、财务等费用的承受能力。利润(损益)表揭示了经营利润、投资净收益和营业外的收支净额的详细资料,可据以分析企业的盈利水平,评估企业的获利能力及企业用自身形成的资金取得发展趋势的能力。同时,报表使用者所关注的各种预期的现金来源、金额、时间和不确定性,如股利或利息、出售证券的所得及借款的清偿,都与企业的获利能力密切相关。所以,收益水平在预测未来现金流量方面具有重要作用。

(参见表 5-2)

表 5-2   2017 年×××国际货运代理有限公司利润表

单位:元

项目	行次	本年发生额	上年发生额
一、主营业务收入	1	44,353,668.00	42,234,608.84
减:主营业务成本	3	25,202,575.35	26,901,548.80
主营业务税金及附加	5	140,874.40	138,438.60
二、主营业务利润	7	19,010,218.25	15,194,621.44
加:其他业务利润	9		
减:销售费用	11	313,399.88	350,644.22
管理费用	13	8,580,685.48	6,881,104.56
财务费用	15	267,391.45	269,681.74
三、营业利润	17	9,848,741.44	7,693,190.92
加:投资收益	19		
补贴收入	21		
营业外收入	23	866,986.91	19,871.53
减:营业外支出	25	20,261.10	28,430.77
四、利润总额	27	10,695,467.25	7,684,631.68
减:所得税	29	2,745,612.58	1,947,272.06
五、净利润	30	7,949,854.67	5,737,359.62

三、现金流量表

(一)现金流量表是什么

现金流量表是财务报表的三个基本报告之一,所表达的是在一固定期间(通常是每月或每季)内,一家公司的现金(包含银行存款)的增减变动情形。内容如图 5-4 所示:

```
                                   ┌ 净利润
                                   │ 折旧和摊销
                    ┌ 经营活动现金流量 ┤
                    │              │ 营运资本变动
                    │              └ 一次性费用
                    │
现金流量表 ┤              ┌ 资本支出
                    │ 投资活动现金流量 ┤
                    │              └ 投资收益
                    │
                    │              ┌ 支付红利
                    └ 筹资活动现金流量 ┤ 发行购买股票
                                   └ 发行偿还债务
```

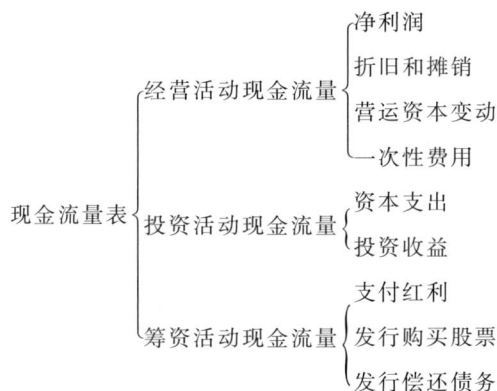

图 5-4　现金流量表

　　现金流量表主要反映资产负债表中各个项目对现金流量的影响,并根据其用途划分为经营、投资及融资三个活动分类。现金流量表可用于分析一家公司在短期内有没有足够现金去应付开销。

　　作为一个分析工具,现金流量表的主要作用是决定公司短期的生存能力,特别是缴付账单的能力。它是反映一家公司在一定时期现金流入和现金流出动态状况的报表,其组成内容与资产负债表和利润(损益)表相一致。通过现金流量表,可以概括反映经营活动、投资活动和筹资活动对企业现金流入、流出的影响,对于评价企业的实现利润、财务状况及财务管理,要比传统的利润(损益)表能提供更好的基础。

　　现金流量表提供了一家公司经营是否健康的证据。如果一家公司经营活动产生的现金流无法支付股利与保持股本的生产能力,从而它得用借款的方式满足这些需要,那么这就给出了一个警告,这家公司从长期来看无法维持正常情况下的支出。现金流量表通过显示经营中产生的现金流量的不足和不得不用借款来支付无法永久支撑的股利水平,从而揭示了公司内在的发展问题。一家企业手头的现金存量越充足,它的运营就越安全。

　　一家正常经营的企业,在创造利润的同时,还应创造现金收益。通过对现金流入来源的分析,就可以对其创造现金能力做出评价,并可对企业未来获取现金能力做出预测。现金流量表所揭示的现金流量信息可以从现金角度对企业偿债能力和支付能力做出更可靠、更稳健的评价。企业的净利润是以权责发生制为基础计算出来的,而现金流量表中的现金流量是以收付实现制为基础的。通过对现金流量和净利润的比较分析,可以对收益的质量做出评价。投资活动是企业将一部分财力投入某一对象,以谋取更多收益的一种行为。筹资活动是企业根据财力的需求,进行直接或间接融资的一种行为。企业的投资和筹资活动与企业的经营活动密切相关,因此,对现金流量中所揭示的投资活动和筹资活动所产生的现金流入和现金流出信息,可以结合经营活动所产生的现金流量信息和企业净收益进行具体分析,从而对企业的投资活动和筹资活动做出评价。

　　(二)现金流量表的编制具有很大的意义

　　第一,弥补了资产负债表上信息量的不足

　　资产负债表是利用资产、负债、所有者权益三个会计要素的期末余额编制的;利润(损益)表是利用收入、费用、利润三个会计要素的本期累计发生额编制的(收入、费用无期末余额,利润结转下期)。根据资产负债表的平衡公式可写成:现金＝负债＋所有者权益－非现金资产。这个公式表明,现金的增减变动受公式右边因素的影响,负债、所有者权益的增加(减少)导致现金的增加(减少),非现金资产的减少(增加),导致现金的增加(减少),现金流量表中的内容尤其是采用间接法时,是利用资产、负债、所有者权益的增减发生额或本期净增加额填报的,这样就可以充分利用账簿资料揭示现金变动的原因。

第二,便于从现金流量的角度对企业进行考核。

对一家企业来说,如果没有现金、缺乏购买与支付能力是致命的。企业的管理者由于管理的要求亟需了解现金流量信息。另外在当前商业信誉存有诸多问题的情况下,与企业有密切关系的部门与个人投资者、银行、财税、工商等,不仅需要了解企业的资产、负债、所有者权益的结构情况与经营结果,更需要了解企业的偿还支付能力,了解企业现金流入、流出及净流量信息。

利润(损益)表的利润是根据权责发生制原则核算出来的,权责发生制贯彻递延、应计、摊销和分配原则,核算的利润与现金流量是不同步的,因此利润(损益)表上有利润而银行账户上没有钱的现象经常发生,很多企业虽然利润(损益)表上有利润,却因为资金链断裂而倒闭。近几年来随着对现金流量的重视,大家深深感到由权责发生制而编制的利润(损益)表不能反映现金流量是一个很大的缺陷。但是企业也不能因此废除权责发生制而改为收付实现制,因为收付实现制也有很多不合理的地方,历史证明企业不能采用。在这种情况下,坚持权责发生制原则进行核算的同时,编制收付实现制的现金流量表,不失为"熊掌"与"鱼"兼得的两全其美的方法。现金流量表划分经营活动、投资活动、筹资活动,按类说明企业一个时期流入多少现金、流出多少现金及现金流量净额,从而可以了解现金从哪里来、到哪里去了,对企业做出更加全面合理的评价。

第三,了解企业筹措现金、生成现金的能力。

如果把现金比作企业的血液,企业想取得新鲜血液的办法有二:

(1)为企业"输血",即通过筹资活动吸收投资者投资或借入现金。吸收投资者投资,企业的受托责任增加;借入现金负债增加,今后要还本付息。在市场经济的条件下,没有"免费使用"的现金,企业"输血"后,下一步要付出一定的代价。

(2)企业自己生成血液,在经营过程中取得利润。企业要想生存发展,就必须获利,利润是企业现金来源的主要渠道。通过现金流量表可以了解经过一段时间经营,企业在内外筹措了多少现金、自己生成了多少现金,筹措的现金是按计划用于扩大生产规模、购置固定资产、补充流动资金,还是被经营方侵蚀掉了。

现金流量表反映了企业筹措现金、生产现金的能力,是反映企业加强经营管理、合理使用和调度资金的重要信息,是其他两张报表所不能提供的。

(参见表 5-3)

表 5-3　2017 年×××国际货运代理有限公司现金流量表

单位:元

项目	行次	金额
一、经营活动产生的现金流量	0	—
销售商品、提供劳务收到的现金	1	47,335,634.19
收到的税费返还	2	838,981.16
收到的其他与经营活动有关的现金	3	195,861.23
现金流入小计	4	48,370,476.58
购买商品、接受劳务支付的现金	5	25,480,445.20
支付给职工以及为职工支付的现金	6	8,942,939.95
支付的各项税费	7	4,260,265.40
支付的其他与经营活动有关的现金	8	3,331,865.14
现金流出小计	9	42,015,515.69
经营活动产生的现金流量净额	10	6,354,960.89
二、投资活动产生的现金流量	0	—

续表

项目	行次	金额
收回投资所收到的现金	11	—
取得投资收益所收到的现金	12	—
处置固定资产、无形资产和其他长期资产所收回的现金净额	13	—
处置子公司及其他营业单位收到的现金净额	14	—
收到的其他与投资活动有关的现金	15	—
现金流入小计	16	—
购建固定资产、无形资产和其他长期资产所支付的现金	17	1,259,344.25
投资所支付的现金	18	—
取得子公司及其他营业单位支付的现金净额	19	—
支付的其他与投资活动有关的现金	20	—
现金流出小计	21	1,259,344.25
投资活动产生的现金流量净额	22	−1,259,344.25
三、筹资活动产生的现金流量	0	—
吸收投资所收到的现金	23	—
取得借款收到的现金	24	—
收到的其他与筹资活动有关的现金	25	6,074,000.00
现金流入小计	26	6,074,000.00
偿还债务所支付的现金	27	—
分配股利、利润或偿付利息所支付的现金	28	114,985.00
支付的其他与筹资活动有关的现金	29	9,220,914.51
现金流出小计	30	9,335,899.51
筹资活动产生的现金流量净额	31	−3,261,899.51
四、汇率变动对现金的影响	34	−430.16
五、现金及现金等价物净增加额	35	1,833,286.97
加：期初现金及现金等价物余额	36	8,262,764.98
六、期末现金及现金等价物余额	37	10,096,051.95

开营业税改征增值税试点的通知》(财税〔2016〕36 号),明确自 2016 年 5 月 1 日起,全面推开营改增试点,将建筑业、房地产业、金融业、生活服务业纳入试点范围。

一、增值税税率和征收率

关于增值税税率和征收率,国家都有统一的规定,如表 5-4 所示:

表 5-4　增值税税率及范围

增值税税率	范围
17%	提供有形动产融资租赁服务、有形动产经营租赁服务
11%	交通运输、邮政、基础电信、建筑、不动产租赁服务,销售不动产、转让土地使用权
0%	境内单位和个人发生的跨境应税行为,国际运输服务、航天运输服务
6%	除前款以外的纳税人应税行为,如增值电信服务、金融服务、现代服务、生活服务、销售无形资产等

小规模纳税人增值税征收率为 3%,财政部和国家税务总局另有规定的除外。

二、国家推行"营改增"新政的意义

1.减少营业税的重复征税,对大部分企业来说税负是下降的;

2.由于发票可以抵扣,增加了企业的议价能力;

3."营改增"一旦完成,全行业会形成抵扣链。

三、增值税和营业税的区别

营业税是一种根据营业额征收的税,一般税率是 5%,如营业额 100 万,那么要交 5 万的税,优点是计算简单、方便,缺点是营业税在流通中重复征税。如 A 花了 100 万从 B 处进了 100 万的产品,这个 100 万中包含了 5 万的营业税;而后,A 将这批产品以 120 万卖给 C,那么 A 还需要按照营业全额 120 万交 6 万的税(120×5%),这批产品经过两次流转,上交了 11 万的税。也就是说,一个产品流转次数越多,要重复缴纳的营业税也就越多。一个产品如果流转十次才到消费者手里,消费者实际上负担了十次营业税。

增值税,顾名思义,是指"增值部分交税"。比如 100 万买进产品,120 万卖出去,税率是 17%,企业只需要交纳增值部分 20 万的税金 3.4 万,即(120 万-100 万)×17%=3.4 万,远少于营业税(省了 2.6 万元)。

对于大部分的行业来说,增值税所带来的税负远低于营业税。更何况 90% 的企业是小规模纳税人,增值税税率只有 3%,还可以代开发票,比起营业税来说真是优势不小。

四、计税办法

增值税的计税方法,包括一般计税方法和简易计税方法。一般纳税人适用一般计税办法,小规模纳税人适用简易计税法。

增值税纳税人分类:

一般纳税人:年应税销售额≥500 万

小规模纳税人:年应税销售额<500 万

一般计税方法:

应纳税额=当期销项税额-当期进项税额

销项税额=含税销售额/(1+税率)×税率

当期销项税额小于当期进项税额不足抵扣时,其不足部分可以结转下期继续抵扣。

销项税额,就是指销售额乘以税率,比如上述的"120万元×17%=20.4万元"。进项税额这个概念则是这个辩题的关键,所谓进项税额,是指"企业买进来的产品已经给国家交过的税",比如上述案例中,B产品在卖给你的时候已经给国家交了"100万元×17%=17万元"的税金,所以你实际要交的税金就只有20.4万元-17万元=3.4万元了。需要说明的是,只要是和生产经营有关的进项税金都可以用来抵扣销项税金,抵扣不完的还可以留待下期慢慢抵扣。比如你今天买了100万元设备,这100万元设备形成了17万元进项税金,但是你只销售了50万元产品,此时你的进项税金是17万元,销项税金只有8.5万元,应交税金是-8.5万元;当然国家不可能倒贴钱,此时你的应交税金就是0,下次你再销售的时候还可以继续抵扣8.5万元。

简易计税方法:

应纳税额=含税销售额/(1+征收率)×征收率,增值税征收率为3%

经过在全国范围内几个行业近两年的试点,2018年3月28日召开的国务院常务会议确定深化增值税改革的3项措施,并从5月1日起实施。3项措施实施后,全年将减轻市场主体税负超过4,000亿元。内外资企业都同等收益。

措施一:适当降低增值税税率,调整税率17%下降至16%,调整税率11%下降至10%。调整前后的现行增值税税率变化,调整前17%、11%、6%,调整后16%、10%、6%。上述两档增值税税率各下调1%之后,预计全年减少增值税24,000亿元。

措施二:现行增值税税政体系里,小规模纳税人标准有三个:工业企业年销售额<50万元;商业企业<80万元;营改增

后,改征增值税行业的小规模纳税人年销售额＜500万元。5月1日起将工业企业和商业企业标准统一提高到年销售额500万元。统一小规模纳税人标准,税制更加简洁、公平,更多小微企业可选择登记为小规模纳税人,享受按3％征收率计税的优惠,也可自愿选择登记为一般纳税人,享受抵扣进项税额的红利。

措施三:符合条件企业可退还留底税额。装备制造等先进制造业、研发等现代服务业、电网企业在一定时期内未抵扣完的进项税额予以一次性退还。退还部分先进制造业企业的留底税额,也可直接增加企业当期现金流,改善企业经营,助力经济高质量发展。

◉ 延伸阅读

《财政部 税务总局关于调整增值税税率的通知》(财税〔2018〕32号)

第3节　税收筹划(企业如何遵纪守法报税及缴税)

税收筹划即合理节税,因此税收筹划的前提条件是必须符合国家法律及税收法规;税收筹划的方向应当符合税收政策和法规的导向,它的目标是使纳税人的税收利益最大化。

全面"营改增"之后,营业税退出舞台,增值税作为第一大税种的地位进一步巩固。对于"营改增"企业而言,不能简单地将其视为从一个税种变换到另一个税种,而是应该放在增值税试点扩大范围以及税制改革这个大背景下看待。在此背景下,增值税税收政策复杂且处于不断变化中,也为"营改增"企业提供了不少税务筹划的空间。

对于"营改增"企业而言,可以通过对纳税人身份、业务流程、销售或服务合同的筹划,实现不交、少交、晚交税的目的。具体而言,建议"营改增"企业可以从以下几个方面积极进行税务筹划。

一、纳税人身份的选择

根据目前"营改增"的税收政策,应税服务年销售额超过500万元的纳税人为一般纳税人,未超过500万元的纳税人为小规模纳税人,500万的计算标准为纳税人在连续不超过12个月的经营期限内提供服务累计取得的销售额,包括减、免税销售额和提供境外服务的销售额。一般纳税人适用一般的税率,实行抵扣纳税;小规模纳税人则适用3%的简易征收办法。适用何种纳税人身份更有利,不能一概而论,需要结合企业的资产、营收等财务状况具体判定,如果适用小规模纳税人更有利,可以通过分立、分拆等方式降低年销售额,适用3%的简易征收。

二、集团业务流程再造

增值税较营业税的一大优势就是可以避免重复征税,有利于行业的细分化和专业化发展,提高生产效率。在此背景下,企业集团可以将部分服务外包,而专注自己最为擅长的领域。举个例子,"营改增"后,企业是选择委托运输还是使用自营车辆运输,可以测算一下二者的税负差异,非独立核算的自营运输队车辆运输耗用的油料、配件及正常修理费用支出等项目，按照 16% 的增值税税率抵扣，而委托运输企业发生的运费则按照 10% 的税率进行抵扣，企业集团可根据实际测算结果，进行调整优化。

三、供应商的调整

在增值税抵扣制度下，供给方的纳税人身份直接影响购货方的增值税税负。对于一般纳税人购货方，选择一般纳税人作为供给方，可以取得增值税专用发票，实现税额抵扣。如果选择小规模纳税人为供给方，取得的是小规模纳税人出具的增值税普通发票，购货方不能进项抵扣。因此，"营改增"后，企业可以通过选择恰当的供给方，实现税负的降低。需要提醒的是，选择小规模纳税人作为供给方，如果能够取得由税务机关代小规模纳税人开具的 3% 的增值税专用发票，购货方则可按照 3% 的税率作进项税额抵扣。

四、业务性质筹划

"营改增"后，对于一些具有税收优惠政策的业务领域，应积极通过筹划向其"靠拢"，以争取适用税收减免政策。以货运代理业为例，若只是代理国内运输，如代理国内拖车、报关、仓储等业务，是需要按 6% 的税率计征增值税的；而若是争取将客户的整个运输过程承揽下来，包含了国际运输部分，那国内的运输环节可以当作是整个国际运输的一部分，适用增值税免税政策，勿需缴税。

五、混业经营独立核算

我国目前增值税税率体系包括 16%、10%、6% 以及 3% 的征收率。根据相关税法,混业经营中,不同税率项目需要分开核算,否则会统一适用高税率。因此,企业在"营改增"后,应对涉及的混业经营项目分开核算,以适用较低税率,降低税负成本。

六、延迟纳税技巧

通过税务筹划实现推迟缴纳税款,无异于获得了一笔无息贷款,因此,企业可以通过筹划服务合同等方式推迟纳税义务的产生,但前提是要合法,符合以下税收政策规定:

(1)纳税人提供应税服务并收讫销售款项或者取得销售款项凭据的当天先开具发票的,其纳税义务发生时间为开具发票的当天。

(2)纳税人提供有形动产租赁服务采取预收款方式的,其纳税义务发生时间为收到预收款的当天。

(3)纳税人发生视同提供应税服务的,其纳税义务发生时间为应税服务完成的当天。

(4)增值税扣缴义务发生时间为纳税人增值税纳税义务发生的当天。

此外,对于企业购进诸如大额固定资产时,也可根据实际情况在180天内的认证期选择恰当的认证时点,因为按照规定,增值税专用发票需要在认证的次月申报纳税,如果企业当期没有充分的销项税额,进项税额也无法及时抵扣。

"营改增"是我国目前最为重要的一项税制改革,涉及面广、难度大,各项税收政策处于不断的变化中,这既给企业带来了挑战,也为有关企业税收筹划带来了空间。上述筹划要点,企业均可以根据自身情况善加利用,在控制住税务风险的同时,实现税负的降低。

◉　延伸阅读

　　本书第二作者黄伟明先生是工科出生,因为会维修冷冻机械而经贵人介绍进船公司维修冷冻集装箱,从而踏入海运界。在其职业成长过程中也遇到管理上,特别是财务管理上的困难和失误,因此,通过自学和进修来弥补自己这方面的不足,从而逐渐成为一名合格的职业经理人。

　　2008 年,黄伟明研读了著名培训师史永翔老师的《搞通财务出利润》一书,写了读后感跟同事分享。世邦集团李董事长审阅后,指示分别给集团经理级以上干部每人赠书一本,以求非财务出身的主管们也能掌握必要的财务知识,提升经理们的管理水平及风险防范和内部控制能力。

　　近期,黄伟明又精读了北京科技大学刘亚莉老师所著《总经理管控财务一本通》,这是近期出版的关于企业财务培训的好书之一。此书除了介绍基础的财务概念,比如毛利、利润、利润率、净利率等,还教你如何看懂基本的财务报表如:资产负债表、利润(损益)表和现金流量表,此书还结合近期国家推出的"营改增"新政,为企业纳税筹划提供了思路和方案。其中第十二章的《企业纳税及合理节税管理》的一些合理节税建议值得企业管理者借鉴。比如税法规定:

　　(1)职工福利费、职工教育经费和工会经费分别在工资总额的 14%、8%(财税〔2018〕51 号)和 2% 以内可以税前扣除,那我们是不是可以充分利用这三种经费来搞好企业的培训和活动?在降低企业税负的同时,还可以提高员工的职业素质及加强企业文化建设。

　　(2)业务招待费允许在销售收入的千分之五与业务招待费总额的 60%(注意,不是百分之百!)两者中选择较低的额度列支费用。而航运物流这个行业的交际应酬费经常是超标的,如

四、三张报表之间的关系：一个中心，两个基本点

一个中心：资产负债表。两个基本点：利润表反映资产负债表中未分配利润的增减变化（净利润本年累计数＝资产负债表中未分配利润期末数－期初数）；现金流量表反映资产负债表中货币资金的增减变化（现金及现金等价物的净增加额＝现金的期末余额－现金的期初余额）。

综上所述，财务报表作为经济活动真实、准确、完整的数据载体，是投资者、管理层、监管部门信赖和借以分析的基础。看报表也是一个财务分析的过程。财务分析主要包括四个方面：一是资产质量的分析，就是分析资产有没有水分，资产的含金量多少；二是负债的分析，就是负债的真实性以及表外有没有游荡的负债；三是利润的质量分析，分析利润真实的含金量；四是现金流的分析，分析现金流是不是正常，是否入不敷出或资不抵债等。做到这些分析，我们看报表就很清楚了。

面对日益国际化的经营环境和模式以及多元化的经济成分，管理者需要与时俱进，不断掌握财务专业知识和分析技巧，避免落入陷阱，养成科学判断和决策的良好思维，才能保证企业长治久安。

第2节　"营改增"新税法的基本常识

2016年3月，财政部、国家税务总局发布了《关于全面推

何降低此项开支而减负呢？税法规定外购礼品用于赠送客户应作为业务招待费，但如果礼品印有公司 LOGO 并对企业形象、产品有宣传作用，可以作为业务宣传费，而广告费和宣传费在销售收入 15％ 以内允许全额扣除，超出部分可以进行结转。

（3）企业的坏账准备在应收款的千分之五以内部分可以抵税。

（4）企业的公益性、救济性捐助在企业利润 12％ 以内的可以抵税等。

现阶段，传统物流货代行业经营环境恶劣、形势严峻，很多经理人尝试往产业链上下游寻找商机，这个思路本身是对的，但关键是不能用传统货代的思路来套用国际贸易的流程。每一笔国际贸易业务由于牵扯到增值税，国家都会要求实现贸易和资金两个链条的完全闭环，缺一不可，而且增值税专用发票一旦开具，税务局就会联网追踪。随着国家法制化规范化的建设逐步完善，近年国家已加大力度稽查企业进出口骗税案件，企业管理者一定要认真对待，不要因蝇头小利或业绩压力铤而走险，最终会得不偿失，后悔莫及！

第 4 节　财务管理

航运物流货代企业费用一般分为：与人相关的费用主要包括薪酬、五险一金、通讯费、培训费、福利费等；与机构相关资产类费用主要包括租赁费、折旧摊销、修理费、后勤服务费、系统服务费等；与做事方式相关费用主要包括业务招待费、会议费、公务用车费、办公费、差旅费、咨询费、专业服务费、税费等以及其他。

有时候，很多管销费用花得大手大脚，却打着"刚需"的旗号顺理成章地纳入到不可控的费用范围内而疏于改善，导致某些企业毛利高但净利低。业务人员口中所说的"刚需"费用真的就必不可少吗？如果管理者掌握财务常识或者财务人员懂得业务，遇到管销费用中的套路，就能破解其中的猫腻，找到降低费用的有效措施。

一、管销费用的两种管控模式

1.主动型支出——精细化管理，实现短期可控

比如业务招待费、公务用车费（车辆费）、会议费、办公费、差旅费、广告费、促销费、投标费、售后服务费等，它实际上与做事的方式有关系，被称为"主动型支出"。主动型支出的特点是弹性系数比较大，即事情多了它就多，事情少了它就少。如果说有改善空间的话，主动型支出是可以直接削减的，短期内靠精细化管理可以比较快见效。

2.被动型支出——价值链管理，实现长期可控

职工薪酬福利、折旧租赁费用等与人员相关和机构相关的费用，属于被动型支出。它在一定的周期内属于一个定值，也就是说，即使事情少了，变化系数也不大，只有出现重大变化时，才会发生较大变化，就算有优化空间，也不可能一蹴而就，管控效果并非立竿见影。这种被动型支出不能直接砍掉，否则只有一个结果：未来还会反弹。所以我们只能通过机构精简、组织优化、模式创新等系统改善手段来缓慢地推进。

因此，结合主动型支出和被动型支出这两个方面进行系统

设计,管销费用的改善措施的全景坐标也就出来了,即中长期改善措施与短期改善措施相结合。短期依靠费用削减和运营模式的优化实现管理改善;中长期依靠价值链管理实现管理改善。这样分类的话,就与业务产生关联了。只要与业务产生了关联,那么当业务变化了,就无所谓可控或不可控,刚性或不刚性,也就"一切成本皆可调整,而且是跟着业务一起增减"。

二、管销费用如何用精细化管理实现短期可控

针对主动型支出的精细化管理,通过以下 7 个典型科目进行简要说明。

(一)业务招待费

对外联络的销售部门,经常要与客户建立良好的关系,有事的时候要联系,没事的时候也要常常联系,请客吃饭、迎来送往,这本无可厚非,但每一笔费用的报销单据都应该明明白白。要解决这一问题很简单——制定复杂的报销制度,要由经办人写明时间、地点、因何事宴请何人,经部门主管、财务审批后,报公司最高主管批准方可报销。

(二)差旅费

1.事先写出差申请经部门主管至公司最高主管批准;

2.按公司管理制度,不同级别的员工有不同的住宿标准;

3.普通员工原则上使用最经济的交通工具;

4.尽可能使用视频会议,减少不必要的出差人次及费用;

5.减少出国团组,严格控制出国批次、人数及在外时间;

6.出差归建后一周内,凭出差报告经主管审核后方可提交票据报销;

7.整合公司差旅资源,推行差旅服务集中寻源、集中采购,优化国内出差协议宾馆资源及价格。

(三)办公费

办公费也有点像个"筐子",很多费用名目都可以往里扔,例如:办公用品费、资料宣教费、邮电通信手机费、印刷费等。归口管理部门也分散,例如:买非办公用品或买礼品开办公用品发票是常见的方式。部分商业机构为了经济利益,按照客户要求乱开发票,也助长了这种现象的发生。对办公费用的管控可以从以下几点着手:

(1)电信集中采购,包括推动网络专线费、手机通讯费等实行长期大客户优惠协议,推广快递集中社会采购等。

(2)梳理报刊订阅,包括控制报纸杂志资料的订阅量,推动微信公众平台报刊传递、电子报刊的阅读与推广等。

(3)梳理公司内部杂志,减少不必要的印刷品,鼓励无纸化;推进资源共享;推进电子版传阅。

(4)办公用品实行统一采购,考虑建立采购平台;办公设备集中使用,提高资产使用效率,减少新增。

(5)考虑印刷服务的统一采购,印刷业务在定点单位中比价委托,成册印刷品应注明印刷册数及单价;打印、复印纸张双面使用,减少过程打印,文件以电子文档形式传阅及保存。

(6)压缩一次性用品领用数量,加强台账管理;根据需要采购和领用办公用品。

(7)控制与生产、管理无直接关系的办公用品及两用物资领用,严格控制办公用品领用标准及档次,原则上选择中档国产品牌用品。

(四)会议费

很多公司不太重视会议费,不管务虚还是务实的会议都开,去外地边玩边开会的并不少见,有时还会借"职业拓展训练"之名找个度假村来"福利"一番。会议费包含的名目多、数量多,标准规格也高,因此总是居高不下。有些大企业喜欢讲排场、摆阔气,造成严重浪费,有的通过置换名目、虚开与会议费无关的招待费发票,或虚列会议支出违规发放补贴、福利等。针对这些会费失控的现象,改善费用管理需要做好以下几点:

(1)明确会议的规章制度和责任界限;

(2)合理编制部门预算;

(3)减少会议数量,控制会议规模,推广电视电话会议和网络视频会议;

(4)建立历史数据、台账、会议依据;

(5)规范会议费的报销流程,采取转账支付增加操作难度。

(五)公务用车费

公务用车费的管控可从以下几点着手:

(1)梳理接待用车,统筹管理,如同一地区公务用车的统一调配,提高使用效率;

(2)鼓励使用网约车,减少公务用车数量和里程;

(3)加强车辆日常使用过程中的保养,减少修理费用,车辆维护服务商的选定要把关,加强车辆维修比价谈判;

(4)交通违规罚款由当事人承担;

(5)清理公司闲置自有车辆。

(六)咨询费

咨询费也是企业"顺理成章"的费用之一。在人事、财务、规划、营销、税务、质量、环保、安全等领域,只要有相关政策新规出台时,或者内部有管理改善要求时,就有了咨询费发生的前提。有时其他费用如培训费等也会列入咨询费。有些企业将内部人员提供咨询所发生的费用亦列支为咨询费,如培养实习生的师徒代教费等。咨询费发生的明目多、部门多、口子多,容易失控。咨询费管控措施可参考以下几点:

（1）集中寻源，统一标准。研究咨询费管理方式，如审计、法律等管理咨询推行集中管理。

（2）充分利用公司现有的管理研究机构，合理安排和审核咨询项目，梳理管理类咨询项目，从严控制咨询费开支。

（3）规范列支。咨询费应该列支为为解决生产过程或设备维护中的疑难问题，以及新产品、新技术在研发过程中遇到的疑问，邀请外来专家、专业技术人员提供咨询，向提供咨询服务的机构或个人支付的费用。

（4）建立咨询机构的信息库，搭建长效的管理咨询业务平台，减少重复支出。

（5）如为集团公司，可提倡企业集团内各子公司之间进行业务交流，资源共享。

（七）广告费

业务人员在做促销的时候，会涉及广告费。对广告费的控制不是简单地靠"削减"来管控，也不可理解为"不景气时更要加大投入"那么简单。广告费跟公司的战略主题有关系，如果是"抢占市场主题"，不用过多管控；但如果是"稳定运营主题"，则需要精细化削减和管控。管住广告费用并不难，应该做好以下几点：

（1）明确广告费归口管理部门，由管理部门负责预算、执行、考核，这样才能责任落实、有效管控。

（2）明确广告费列支范围和具体项目。在范围内走流程，在范围外一事一议、单独报批。

（3）做好广告费的事先预算，事中执行、监督，以及事后考核，并与薪酬挂钩。

三、"高大上"的价值链管理

短期控制管销费用见效快,但往往治标不治本,而中长期的管控可以经由机构重组、流程再造、源头控制、商业模式创新、组织机构人员精简等价值链的管理,实现治本的费用管理优化。

(1)如:折旧费如何减少? 一是从源头上控制新增投资,减少重复性支出。二是可以考虑盘活固定资产,提升资产使用效率。固定资产集中使用,闲置设备出租或处置,减少折旧。

(2)如:人工费如何减少? 需要梳理业务流程、优化管理机构、规范组织设计、合理配置人员,从源头控制费用开支。

(3)如:商业模式创新。一般从采购到销售会产生存货和应收账款,需要两套资金甚至三套资金才能完成。耐克作为世界500强企业,没有生产、销售和研发设计,但通过销售代理商先交保证金、代工厂先交货后付余款、研发设计招标三个方面商业模式的创新,实现费用管理的优化,而能做到这样"高大上"的价值链管理,实现管销费用的改善,是企业软实力的体现。

四、总结

总之,要管好管销费用,在"与事情相关"的主动型支出上必须实行精细化管理,削减不必要的费用;而对一时难以调整的费用就要考虑业务再造、源头控制、商业模式创新等价值链管理,从长计议。

第5节 应收账款的管理

国际货运代理是指国际货运代理组织接受进出口货物收货人、发货人的委托,以委托人或自己的名义,为委托人办理国际货物运输及相关业务,并收取劳务报酬的经济活动。中国加入 WTO 后,大量的规模化国际性货代企业进驻中国,使得原本就很残酷的国内国际货运代理市场的竞争更加白热化。国际货运代理企业为保持和扩大市场占有率,纷纷运用商业信用提供物流辅助服务来增加自身的竞争力,造成国际货运代理企业的资金被大量的应收账款所占用,严重影响了国际货运代理企业的现金周转及财务状况,财务风险也随之加大。因此,如何加强对应收账款的信用管理,提高资金的使用效率,防范坏账风险,已成为国际货运代理行业当前不容忽视的重要问题。

一、国际货运代理企业应收账款管理的现状

(一)竞争加剧导致应收账款增加

由于受美国次贷危机和世界经济危机的影响,加上现阶段美国与世界各国爆发的贸易大战,国内外的经济市场环境越来越扑朔迷离,国内同行之间的竞争越来越激烈,本来就很微薄的利润空间被压缩到了一个更低的水平上。原本国际货代行业普遍采取的是见款放单的操作模式,现在为争取更多的客户,国际货运代理企业提供了几近苛刻的优惠条件,越来越多

的客户被纳入信用客户名单,享受了先拿提单后付款的待遇,而且账期越来越长。本行业的激烈竞争,使国际货运代理企业的应收账款数量上急剧增加账期上都延长,给企业的应收账款从数量上和账期上急剧增加和延长经营带来了极大的风险。随着应收账款的增多,企业流动资金周转不灵的问题便接踵而至。

(二)散客多加大坏账可能性

对国际货运代理企业来说,大部分客户是散客,而散客一般是票结,但是财务人员与操作、单证等同事的联系不够紧密,导致中间会出现漏洞,频频发生费用漏收或没收款就直接放单的案例。而散客很多是一次性买卖,漏收或失误就意味着公司收不回来应收的款项,直接造成损失。对于少数大客户,一般以月结为主,先放单再收款,但是有些客户并不是主动付清费用的,有时候会拖一两个月,甚至跨年度,这样无疑增加了企业的负担,坏账的可能性也就增大了。

(三)国外代理结算难

除了大规模的国际性货代企业,大部分的国内国际货运代理企业在海外没有自己的分支机构,只能依托分布在世界各地的代理机构网络为客户提供几乎是覆盖全球的服务。正因为国际货运代理企业有如此众多的世界各地的代理网络,通常与国外代理结算都要经历一个较长且较艰难的"对账认账"过程,特别是一些外汇管制国家,代理汇款的速度是非常缓慢的,而且手续费昂贵,因此增加了国际货运代理企业国外代理应收账款的风险和成本,同时还要特别提防一些居心叵测的无良代理的恶意倒账。

二、国际货运代理企业应收账款管理中存在的问题

(一)缺少科学的信用管理制度

目前,许多国际货运代理企业缺乏对客户资信的调查,没有建立赊销客户信用等级档案,往往只关注箱量,为揽取货源不顾自身实力,过度放账,漠视应收账款的回收情况。同时,有些付费周期长、信用差的客户往往利用国际货代行业竞争主体众多、竞争较为激烈的特点,采取轮番欠费或同时利用数家国际货运代理企业长期为其分担垫付费用,导致国际货运代理企业大量应收账款无法及时、全额收回,造成坏账损失。

(二)应收账款的日常管理工作落实不到位

每家国际货运代理企业虽然都明白应收账款的重要性,也都制定了比较完整的应收账款制度,但一般很少真正落实下来,制度要求和实际完成之间存在很大的差距。主要表现有:(1)业务操作不规范,经常由业务员个人担保让客户先拿单再付款。(2)少收海运费、空运费及漏收客户的代垫款等。(3)应收账款缺乏及时有效的跟进管理。(4)内部责任划分不清,销售部门推给操作(客服)部门,操作(客服)部门又推给财务部门,相互扯皮,推卸责任。(5)对账不及时,不能做到定期与客户核对账目,对账手续不完善等。长此以往,必然造成应收账款管理的混乱,为今后的催款、清理埋下隐患。

(三)应收账款内部管理流程不规范,信息化程度不高

很多国际货运代理企业在应收账款管理的流程中没有采用信息技术,这大大制约了应收款信息在公司内部的及时交流,以及对业务流程的监控。由于缺乏对业务过程的跟踪,不能动态地了解每一笔应收账款的状况而及时采取预警措施,对应收账款的风险控制只能做到简单的事后控制,往往加大了应

收账款变成坏账的风险。

（四）业绩评价不当，考核制度不合理

许多国际货运代理企业对员工制定的考核指标缺乏客观标准，缺乏科学性；没有将绩效考核指标具体化、个性化；对员工的业绩没有进行科学的评价，导致评价不当。目前国际货运代理行业的大部分企业都实行销售人员的奖金与业绩挂钩的做法，销售人员的风险意识不强，只看到与自身相关的短期利益，盲目追求业绩指标的完成，忽视了大量被客户拖欠占用的流动资金的风险及财务成本的增加。为了争得某一客户，常给予客户先放提单，再回收应收账款的优惠政策，使企业面临极大的经营风险。

（五）缺乏完善的法律保护措施

合同之所以成为控制经营风险的手段之一，就在于合作双方依照合同法以文字的形式明确规定合同双方的权利义务关系，并受到法律的保护。正因为如此，对合同的管理就应该更加慎重。然而事实并非如此。大多数国际货运代理企业拥有众多的客户群体，更有庞大的业务量，因此无法做到每笔业务都和客户签订合同，有些业务合作仅有口头委托或不规范的委托书，在出现争议时，原告很难从法律的角度提供有力的证据，这使应收款的维权变得非常困难。

三、国际货运代理企业应收账款管理的对策和建议

（一）采用 5C 原则，事先做好客户的信用考核工作

从客户的品格（Character）、能力（Capacity）、资本（Capital）、担保（Collateral）、情势（Condition）五方面来衡量客户的信用。通过客户的注册资本、实收资本、不动产状况、最近三年的营业情况、行业商誉、员工人数、大股东及经营团队背

景、主要客户名单、过去合作的信用设立历史、有无权威认证的荣誉,或者利用一些政府、银行或民间的信用评级机构和市场情报收集等途径,了解客户的信用状况并进行客观公正的评估分析,以此为基础来判断客户的信用等级,制定合理的信用政策。经公司领导层审批后的信用客户名单、信用额度及期限等信息应及时输入财务管理信息系统中,根据系统中显示的客户付款情况,及时提示各销售人员加强应收账款的催收。每月由信用评估小组对客户信用情况进行综合评估。财务部随时对客户信用情况予以监控。如果客户的应收账款超额或超期,系统会自动锁死,不与其再合作(减少应收账款的产生),同时也给操作/财务人员一个信息提示,即扣留该客户的提单,并停止为该客户订舱。此时要特别注意的是:客户的信用是动态的,不能经过一次审核就掉以轻心,要随时监控,及时调整。

(二)提高企业自身的核心竞争力

在市场经济条件下,国际货运代理企业之间的竞争越来越激烈。企业首先必须认真研究、了解、把握市场,并分析和预测市场需求的前景,如大力发展海运业务还是空运业务,重点发展进口业务还是出口业务,以及开拓新的航线。国际货运代理企业要根据国家进出口贸易的大环境以及客户的需求,提供多样化、个性化、差异化的服务,满足客户的多层次需求;企业还需要结合自身优势,提高知名度,扩大影响力。只有拥有更多的客户,企业才可以有目标地选择客户,选择那些信用好、有潜力的优质客户,淘汰那些不守信用、让你无法赚钱且得不偿失的、不可能给你带来营业额的客户,以减少应收账款上的资金占用和坏账损失,从而提高企业的经济效益。

(三)构建财务管理信息系统,优化应收账款内部操作流程

针对国际货运代理企业操作环节多、费用项目杂、结算周

期长、在结算时容易出现错误等特点，建立统一的计算机网络平台、财务与业务一体化的财务管理系统是应收账款风险管理的有效工具之一。财务人员能直接从财务管理系统中生成某一客户的应收账款对账单，发送给客户，并与客户及时、快速对账，系统同时会记下完成这一工作的时间，为日后监督提供方便。在收款和核销环节，当收到客户的款项时，财务可以直接在系统中核销对应的应收账款，输入银行到账时间，同时系统还会记录核销的时间。最后，系统会生成一个集应收账款发生时间、发送对账单时间（监督财务工作）、银行到账时间（监督销售工作）、核销时间（监督财务工作）为一体的信息报告。这样，比起大多数企业应收账款只有一堆待破解的数字而言，各部门工作质量以及下一步该做什么就一目了然了。同时，应收账款形成的原因也一清二楚，由此可以充分控制由于内部管理不善所造成的超期应收账款的出现或增加。

（四）开展业务培训，规范业务操作

由于国际货运代理企业提供服务的种类十分繁杂，再加上大量的代垫项目，企业有必要定期组织员工培训，熟悉公司供应商清单中的船公司、航空公司、公路运输公司等承运人的最新报价，熟悉海关、港口、场站等部门收费标准的最新政策，从而避免少收海运费、空运费及漏收客户的代垫款等。同时，国际货运代理企业应加强对员工进行整个操作流程的专业化培训，操作人员应知道在整个接单操作过程中哪些项目的费用需要垫付，哪些需要在垫款以前向客户收取、哪些在事后收取，还有垫付和收取费用的标准计量方法等事项。财务人员应明确什么时候收款，分清所收款项的客户、船名、航次、费用项目等，减少应收账款回收风险。

(五)及时与客户对账

国际货运代理业务大部分都是以单票、单船为核算单位,如集装箱代理、散货代理,业务产生的票据需要经过多次才能收集完整,有时已完成的业务票据亦不能按时收集齐全,如特殊货种的商检费票据等。而国际货运代理企业为了及时收款,会分次将已收集到的票据寄给客户,这样就有可能出现单据丢失或漏寄的情况,而且时间长、环节多,对账工作量相当大,又易产生纠纷。如果不及时将关税税票寄给客户,客户就不能及时办理退税,一旦客户因票据流转不及时而无法退税,就会出现纠纷。

另外,由于国际货运代理行业费用项目甚多,很可能产生合同或预算之外的费用,如集装箱的超期使用费、集装箱的破损修理费、海关的查验费、单证更改费、理货费、仓储费等,这些费用容易导致货代与客户产生争议。在此类业务发生后,应及时将账单发送给客户,并取得客户有效的书面确认;对于有争议的费用项目,应及时处理,避免因时间拖长而造成坏账。因此,及时对账是做好应收账款管理的重要基础工作。

(六)持续监控应收账款,加强催收力度

赊销业务发生以后,国际货运代理企业有必要对应收账款的运行过程进行跟踪,对客户的经营管理状况、信用品质、偿付能力进行持续的深入调查。财务部门要经常计算账款回收期、账龄结构、逾期账款率、坏账率等指标,以便让决策层和相关部门准确、及时、全面掌握企业应收账款现状,有针对性地制定欠款催缴政策。财务部门要定期对逾期的应收账款列出详细清单,由业务部门逐笔提出处理意见,交领导分析研究,以便采取措施。凡债务人没有明确的还款计划或有效承诺,企业应当首先将其从信用名单中除名,停止对该客户的一切业务,甚至包括付款买单业务;并视客户的具体财务状况,通过发送律师函,

依合同留置货物或单据,法院调解、诉讼等多步措施,适时加大催款力度,争取尽早收回账款。

(七)建立应收账款相关人员的绩效考核制度

实行应收账款业绩考核,明确催收责任。系统的应收账款考核体系应体现在以下几个方面:考核对象应涵盖销售部门的所有人员、财务人员、操作人员等多个层面。考核指标应涉及应收账款的整体规模、每个客户的应收账款规模、超期超额应收账款规模、应收账款账龄结构、赊销手续完善程度等方面。企业管理人员要把超期账款纳入考核重点,在加大催款力度的同时,要研究调整新的信用政策,努力提高应收账款的收现效率。对尚未到期的应收账款也不能放松监督,以防发生新的拖欠。考核方法应该奖惩相结合、定期和不定期相结合、经济措施和行政措施相结合。

(八)建立法律保护体系

合同是明确双方权利与义务的法律文件,是收款的最后法律保障。国际货运代理企业在与客户签订合同时,要根据业务种类,制订不同类型的格式合同,全面防范合同中条款不完整、不规范的风险。合同条款中的权责要对等,要有风险防范措施。如集装箱代理业务合同中要有留置相关单据的权利,大宗散货代理业务合同中要有留置等值货物的权利等。一旦出现客户不按期付款的情况,货代企业能够提供充分的应对依据。合同的结算条款中要明确哪些款项由客户支付、何时支付,哪些款项可以代垫、垫款是否计收利息,代理费的计量及回收期限,延迟支付如何处罚等规定。另外,合同中还要明确具体的结算方式。

国际货运代理企业在与客户的交易过程中仅仅拥有严密的合同是不够的,还必须妥善保管各种具有法律效用的交易手续,主要包括委托书、提单、费用确认清单、发票、应收账款结算手续等相关原始单据。对账手续和催款凭据是交易手续的一种补充形式,也能成为法律认可的证据。国际货运代理企业在取得这些单据时需要特别注意:委托书是否已由对方确认,费用确认清单及发票是否已由对方签收并确认金额无误,签收及确认方式是否与合同相吻合。

从公司管理层面上讲,在国际货运行业中,应收账款占了企业资产的绝大部分比重,企业要在日益激烈的市场竞争中生存与发展,必须要加强风险防控意识,制定合理的信用政策,控制应收账款规模,深化应收账款的管理,这样才能提高企业的资金使用率,降低经营风险,提升企业信誉,确保企业资金链正常周转。

作为从业销售人员应坚持以下原则:

(1)风险第一,业绩第二。即:会卖东西的是学徒,会收款的才是师傅。应收款回笼了,整笔业务才算完成。

(2)换位思考。当客户提出赊账要求时,先反问自己:如果你是老板,你愿意借钱给该客户吗?

(3)要考虑信用额度与业务为公司创造毛利的比例,至少要保证公司获得比把此款项放在银行的一年定期存款利息还高的毛利收入。

当然,防患于未然,永远是降低风险的最佳策略!

◉ 参考阅读

《厦门现代物流业商会关于〈国际货运代理企业行业格式合同〉》,pan.baidu.com/s/1sjot3BJ.

本章总结

- 管理者应掌握看懂三张基本财务报表［资产负债表、利润（损益）表、现金流量表］的技能。
- 税收筹划即合理节税，它的前提条件是必须符合国家相关法律及税收法规，它的方向应当符合税收政策和法规的导向，它的目标是使纳税人的税收利益最大化。
- 用精细化管理来做企业的财务管控，真正实现企业的降本增效。
- 应收账款的管理是一家企业财务管理的重中之重，再怎么重视也不为过！管理者应牢记："会做生意的是徒弟，会收钱的才是师傅。"

§ 第六章 §

航运物流货代业常见风险及其防范

　　国际货物运输代理业是国际航运物流业的一个分支,是指接受进出口货物收货人、发货人的委托,以委托人或者自己的名义,为委托人办理国际货物运输及相关业务并收取服务报酬的行业。从严格意义上说,货运代理人的地位属于代理人,具有一定从属性。根据《中华人民共和国民法总则》(以下简称《民法总则》)第 162 条,代理人在代理权限内,以被代理人名义实施的民事法律行为,对被代理人发生效力。另根据《中华人民共和国合同法》(以下简称《合同法》)规定,委托人对代理人在委托授权范围内所进行行为的法律后果,无论有利还是不利,都应当接受。委托人是代理行为所缔结的法律关系的当事人,法律关系的权利由其享有,义务由其履行,责任由其承担。国际货运代理作为代理人,其在货运代理活动中在代理权限内的行为后果自然也应当由作为委托人的托运人承担。因此,从理论上讲,国际货运代理人只要严格按照委托人的授权行事,忠实履行代理义务,如实披露委托人,其代理行为之后果最终应由委托人承担,自身就不会有什么法律的风险。

　　然而,在实际业务中,由于市场竞争、航运企业货主货代之间地位的不平等、操作不规范、从业人员专业知识欠缺等多方面的原因,国际货代企业所面临的风险要远远超过与其收入相当的水平,使得货运代理成为一个低利润高风险的行业。货代企业赚取的往往只是微薄的代理费、操作费或差价,但承担的风险甚至可能超过货值本身,一旦被牵扯入旷日持久的诉讼之中，即使最后能成功脱身，往往企业正常的生产经营活动也会受到很大影响。此外，货代企业在实际业务中也常常出现身份转换，充当无船承运人、道路运输承运人、仓储保管人等角色，有的则是因操作不当、表述不清而被认定为承运人，最终被判承担承运人的责任。因此，《最高人民法院关于审理海上货运代理纠纷案件若干问题的规定》第 2 条规定，人民法院审理海上货运代理纠纷案件，认定货运代理企业因处理海上货运代理事务与委托人之间形成代理、运输、仓储等不同法律关系的，应分别适用相关的法律规定。实务中常常发生货代企业被认定为承运人，承担无单放货等本应当由承运人承担的责任。司法实践中，货代企业最后承担超出货运代理范围以外责任的案例比比皆是。综上所述，货代行业的风险防范很大程度上决定了企业能否健康稳步地发展。

国际货代企业要健康稳步地发展，就必须对各种道德、商业和法律风险进行有效的分析并正确予以防范。作为企业经理人，既不能轻易放弃商业机会，又不能忽视潜在的法律风险，这就需要对风险做出正确预判，以便提前采取防范措施，以求最大限度降低风险，使其处于可预计和可控制的范围之内。现就国际货代业务中常见的风险种类以及操作中易产生的普遍性问题列举分析如下，供广大从业者结合自身业务参考借鉴。

第1节　对委托人不了解带来的风险

作为货运代理人,其合作对象通常主要来自三个领域,包括进出口贸易企业、生产企业、个人在内的货主,航运企业(船公司或航空公司或铁路运输公司)或者无船承运人,有时候则可能是货代同行。国际货代企业与航运企业通常存在长期合作关系,一般来说,航运企业规模较大、实力较强,也通常具有良好的信誉,与其合作不会存在太大的风险,除非不幸遇到个别航运企业破产的情况。对于货主却不尽然,货主的经营及信用状况是参差不齐的,因此,对委托人的了解可以说是货运代理企业风险防范的第一步。

一、货代企业要尽可能充分了解委托人的基本情况

1.委托人如果是企业,应当了解其注册的基本情况,例如对方是境内还是境外注册的企业。企业的注册地是极其重要的信息,这直接决定了出现纠纷所能采取的最佳解决途径,因而在合作初始就应当予以高度重视。如果对方是境外企业,且在境内没有将来可供执行的财产,则不宜对其采取赊账方式予以垫款,否则一旦发生欠款,将来无法在境内通过正常诉讼挽回损失。如果对方是境外知名企业,货代企业又不愿意放弃交易机会,则可以通过订立正式书面合同,约定仲裁机构,将来通过仲裁方式挽回损失。有的企业误认为在合同中约定己方所

在地法院管辖对自己有利,殊不知如果对方是境外企业,而其所在国又与中国没有司法协定,则货代企业所在地法院作出的判决将不能在对方财产所在地得到执行。实务中,很多境外企业在境内设立办事机构后从事经营活动,发生纠纷后公司人去楼空,货代企业咨询律师后才发现对方是境外注册的皮包公司,境内办事处没有办理登记备案,且境内也无可执行财产,因此根本无法进行正常的维权。

2.如果合作方是境内企业,首先应查核对方公司是否合法注册并存续、是否已被列入失信人名单或有其他不诚信记录。除了可以在"国家企业信息公示系统"查询境内企业资信外,各地工商部门也有类似查询路径,另外现在也有类似"启信宝"、"企查查"等企业资信查询 APP 软件,使用者可以非常方便地查询合作伙伴的信息。其次,要进一步核实其资信。除了通过同行了解对方是否有不良欠款记录外,货代公司还可以通过最高人民法院的"被执行人信息查询系统"查询对方是否有未执行完毕的诉讼案、是否被列入失信人名单,如果对方有不诚信的前科,就应尽量避免与其交易,或在确定没有风险、不垫资的情况下方可从事交易。以下列举几个查询平台界面供参考。

3.委托人如系自然人，应当注意委托事务的证据收集。根据目前的进出口管理体制，自然人尚无法作为进出口经营单位，因此公民个人从事进出口业务，最后仍需要以企业名义进行。由于在自然人作为委托人的业务中，货代企业持有的文件证据体现的经营单位往往不是自然人本人，所以当发生纠纷时，从证据层面，无法有效向该自然人进行维权。这种情况下，货代企业应当在接受委托前要求对方提供身份证复印件，并要求出具书面说明，确认其个人的委托人地位，并承诺个人将承担有关的费用和风险。如果有条件，最好请委托人夫妻共同确认。

4."买单"（无合同形式的挂靠代理）交易中实际托运人与

单据体现托运人不一致。随着国际贸易的发展,越来越多的企业和个人加入到国际贸易行列,但是鉴于国内现有进出口管理机制仍要求进出口主体为海关备案企业,许多公司和个人为了方便出口,采取"买单"的方式,被挂靠的公司大多为皮包公司,因此就存在实际委托办理货代业务的实际委托人和出口单据体现的名义出口公司不一致。此时,货代企业应当采取上述第三点所述的方式,要求实际委托人对承担有关费用责任等事宜作出承诺,否则如仅根据报关、运输单据将来只能向单据体现的卖单公司主张权利,其结果必然是徒劳。另外,实务中,与货代公司接触的主体可能不止一个,这时,货代公司必须清楚谁是真正的委托人,否则将来发生损失时可能无法正确选择维权对象。

◉ 案例　佛山 A 物流有限公司与佛山市 B 建材有限公司海上、通海水域货运代理合同纠纷(2015)案 [广海法初字第 1057 号]

案情:

原告 A 公司诉称:2013 年 8 月 15 日,A 公司与 B 公司签订货运委托书,由 B 公司委托 A 公司将一批货物从佛山新港运往阿尔及尔(Algeir)港口。A 公司接受 B 公司的委托后,安排订舱。11 月 7 日,货物运抵阿尔及尔港时,由于提单上记载的收货人无法联系,一直无人向承运人提货。A 公司为此多次发函向 B 公司确认收货人,但 B 公司回复一直要求 A 公司联系提单上的收货人。后货物因申报信息与实际不符被目的港海关扣押,导致 A 公司被 WH 集运(深圳)有限公司(以下简称 WH 深圳公司)起诉,直接损失人民币 90,976.05 元,包括败诉赔偿金人民币 80,000 元,一、二审诉讼费人民币 4,976.05 元和律师费人民币 6,000 元。A 公司受 B 公司委托代为安排订舱等运输业务,双方之间成立海上货运代理合同关系。请求判令 B 公司向 A 公司赔偿损失人民币 90,976.05 元等。

被告 B 公司辩称:涉案货物的托运人并非 B 公司,B 公司并未实际参与涉案货物的托运关系,涉案货物托运与 B 公司无关。与 A 公司建立海上货运代理合同关系的是中文名字为"李建华"的阿尔及利亚商人李德·阿布·法尔哈,以下简称李德。A 公司与"李建华"之间进行直接联系的事实证明 B 公司只是中间介绍人,非 A 公司主张的货运代理合同的委托方,实际托运人是"李建华";律师费没有合同约定,不应由 B 公司承担。A 公司请求 B 公司承担一、二审案件诉讼费也没有法律依据。请求驳回 A 公司的诉讼请求。

法院查明:

2013 年 8 月 5 日,B 公司的员工惠××向自称代表 A.T.C. 中国控股公司[A.T.C.(China)Holdings Ltd.]的李德发出电子邮件,告知其有关购买及运输瓷砖的事宜。该邮件记载了佛山至阿尔及利亚的海运费为每箱 2,340 美元(包括码头操作费、文件费、ispc 检查费、封条费),货运代理联系人为 A 公司的工作人员于××,本地拖车报关费人民币 4,537 元。

2013 年 8 月 15 日,B 公司通过 QQ 向 A 公司发出一份货运委托书,委托 A 公司为 1,392 箱釉面砖安排运输,该托运书右下角托运人栏内盖有 B 公司的印章印文。8 月 15 日,A 公司作为托运人向 WH 深圳公司佛山分公司出具托运单,委托 WH 深圳公司佛山分公司为 B 公司发出的货运委托书中的货物订舱。

9月23日,上述4个20英尺载货集装箱被运至巴塞罗那港卸至码头,10月26日被装上"Asmars"轮船,11月7日被运抵阿尔及尔港。2013年8月20日,A公司向李德发出电子邮件,通知提单补充材料和改单费事宜,并将邮件抄送给B公司。B公司也于同日向李德发出邮件,询问其对于提单的要求,并通知其提供提单补料。同日,李德向B公司发出邮件,告知提单补料信息,并表示对于B安排的货运代理人不满意。B公司向A公司转发了李德的邮件。8月22日,A公司询问李德对拆分提单的要求,并告知文件费为每份268美元,改单费每份134美元。8月27日,李德告知A公司,提单中货物名称是瓷砖而非釉面砖。8月28日,A公司向李德再次询问对提单记载的货物品名描述的要求,并通知其在母船开船后10日内付款。8月29日,A公司通知李德在9月2日前付款。8月31日,A公司要求李德确认改单费,并通知付款时间。9月2日,A公司向B公司发出收件人为李德的电子邮件,询问李德对修改提单记载的货物名称的要求,并告知FOB费用人民币3,900元,海运费9,556美元,通知李德尽快付款。同日,B公司告知李德已经改变了提单上关于货物名称的描述,询问李德对提单还有什么要求。9月3日,A公司要求李德查看并确认修改的提单,并将邮件抄送给B公司。9月6日,A公司与李德协商改单费事宜。9月9日,李德向B公司发出电子邮件,告知C公司已通过香港汇丰银行向A公司支付费用8,980美元。9月10日,A公司告知李德已从承运人处取得提单,及应付改单费人民币2,000元,文件费人民币1,200元,合计人民币

3,200元。9月10日,李德通知A公司提单的邮寄收件地址和收件人为"李建华"。9月11日,李德告知A公司已向A公司支付人民币3,200元。9月12日,A公司向李德发出邮件,告知A公司已根据李德的指示,向收件人"李建华"邮寄了上述4份提单。A公司和B公司在庭审中确认,上述4个载货集装箱的FOB费用人民币3,900元由B公司于2013年12月份支付给A公司。

由于上述4个集装箱所载货物滞留目的港并产生费用,WH深圳公司于2014年6月10日另案向法院提起诉讼,请求判令A公司向其支付目的港费用16,232美元,案号为法院(2014)广海法初字第505号。法院于2014年11月10日作出一审民事判决书,判令A公司向WH深圳公司支付集装箱超期使用费人民币80,000元。A公司不服,提起上诉。广东省高级人民法院于2015年4月13日作出(2015)粤高法民四终字第14号民事判决书,驳回上诉,维持原判。A公司被判决承担一、二审案件诉讼费共计人民币4,976.05元。另案判决生效后,WH深圳公司于2015年6月2日向A公司开具了合计人民币82,647元的代理运费发票。

法院认为:《中华人民共和国合同法》第403条第1款和第2款规定:"受托人以自己的名义与第三人订立合同时,第三人不知道受托人与委托人之间的代理关系的,受托人因第三人的原因对委托人不履行义务,受托人应当向委托人披露第三人,委托人因此可以行使受托人对第三人的权利,但第三人与受托人订立合同时如果知道该委托人就不会订立合同的除外。受托人因委托人的原因对第三人不履行义务,受托人应当向第三人披露委托人,第三人因此可以选择受托人或者委托人作为相对人主张其权利，但第三人不得变更选定的相对人。"李德与 B 公司之间往来邮件证明，案外人与 B 公司之间成立委托合同关系，委托事务为介绍并代为联系货运代理企业 A 公司。B 公司接受案外人委托后，向 A 公司发出货运委托书，以自己名义委托 A 公司订舱，A 公司收到货运委托书的当日就转委托 WH 深圳公司佛山分公司订舱，最终由 WH 深圳公司佛山分公司向地中海航运公司办理了订舱事务。B 公司以自己名义与 A 公司订立货运代理合同，委托事务为包括订舱在内的运输事务。B 公司虽未提供证据证明该海上货运代理合同成立之时 A 公司已知道 B 公司与案外人之间的委托关系，但提供证据证明在海上货运代理合同成立后 B 公司已及时向 A 公司披露了案外人的信息，A 公司也已经与案外人直接联系，向案外人主张并收到了涉案货物的海运费、改单费和文件费。A 公司向案外人主张权利的事实证明 A 公司已经选择了案外人作为相对人，故案外人与 A 公司就涉案货物海运事务成立货运代理合同关系。A 公司选定案外人作为货运代理合同相对人后，就不能再行变更。A 公司以其与 B 公司之间存在货运代理合同关系为由，于本案向 B 公司主张权利，请求 B 公司赔偿损失人民币 90976.05 元，无法律依据，不予支持。

　　法院判决驳回原告佛山 A 物流有限公司的诉讼请求。

　　此案的操作模式在货代行业中具有一定代表性，值得借鉴。货代在处理代理事务中往往与不同单位和个人发生接触，究竟谁是最终委托人将关系到将来维权对象的选择，货代企业应当在操作过程中时刻保持清醒头脑，辨明真正的委托人，及时与其确认债权债务,以便将来正确维权。

二、对委托人托运的货物进行了解

国际货代业务中委托事务的核心就是委托安排货物运输,因此对货物的了解尤为重要。这包括货物的性质是否为危险品或违禁物品、是否为目的港国家禁止或限制进口的物品、货物是否超过船公司或目的港国家的重量限制(如美国内陆点铁路、公路限重)等。依据《合同法》第 304 条的规定:"托运人办理货物运输,应当向承运人准确表明收货人的名称或者姓名或者凭指示的收货人,货物的名称、性质、重量、数量、收货地点等有关货物运输的必要情况。因托运人申报不实或者遗漏重要情况,造成承运人损失的,托运人应当承担损害赔偿责任。"《中华人民共和国海商法》(以下简称《海商法》)第 66 条也规定:"托运人托运货物,应当妥善包装,并向承运人保证,货物装船时所提供的货物的品名、标志、包数或者件数、重量或者体积的正确性;由于包装不良或者上述资料不正确,对承运人造成损失的,托运人应当负赔偿责任。"据此,托运人有如实申报货物信息的义务。正因为如此,船公司的提单在 Description 一栏均会备注 Above particulars furnished by shipper。

(一)托运危险货物,未如实申报其危险性质

对于危险品,《海商法》第 68 条特别规定,托运人托运危险货物,应当依照有关海上危险货物运输的规定,妥善包装,做出危险品标志和标签,并将其正式名称和性质以及应当采取的预防危害措施书面通知承运人;托运人未通知或者通知有误的,承运人可以在任何时间、任何地点根据情况需要将货物卸下、销毁或者使之不能为害而不负赔偿责任。托运人对承运人因运输此类货物所受到的损害,应当负赔偿责任。

危险品具有特殊的物理、化学性能,运输中如防护不当,极易发生安全事故,并且事故所造成的后果较一般事故更加严重。因此,为确保安全,在装卸、保管、积载、运送等一系列过程中需采取特别措施。装运前应根据其性质、运送路程、沿途路况等采用安全的方式包装好。包装必须牢固、严密,在包装上做好清晰、规范、易识别的标志。装运过程中若出现漏散现象,应根据危险品的不同性质,采取正确的应对措施,否则,一旦措施不当,不仅不能消除危险,还可能使危险程度增加。发生紧急情况时,还需与货主及时取得联系。有的货主为了节省运费,采取隐瞒危险品性质的做法,按普通货托运,造成承运人装载不当,如同其他货物在拼箱或配载时候没有考虑危险品货物性质,将其与普通货物混装,这就很容易造成事故。或者在危险品泄漏时因不知道货物性质导致不能及时采取正确应急处置方式,致使损害结果扩大,严重的甚至导致车辆、船舶、场站爆炸,发生重大安全事故。2017年,搜航网(sofreight.com)就报道了多起发生在国际物流业由于锂电池等危险品瞒报造成的重大事故,这里既包括两起香港机场的起火事故,也包含11月10日深圳盐田港发生的货柜爆炸起火事故。所有的事故都指向一个原因:锂电池或其他危险品的故意瞒报、错报。

◉ 案例　**A.P.穆勒−马士基有限公司与宁波 A 进出口有限公司、宁波 B 国际货运有限公司等海上、通海水域货物运输合同纠纷案。**
[(2009)**甬海法商初字第** 280 **号**]

原告 A.P.穆勒−马士基有限公司起诉称:2008 年 6 月,被告台州外运向原告订舱,出运了从宁波至伊兹莫的两个 40 英尺集装箱,货物品名据称为狂欢节物品。在运输途中,发现该票货物为烟花,系危险品。该货物被销毁,产生了处理费用等共计 121,025 英镑。经查,该票货物的托运人为被告 A 公司,被告台州外运为订舱代理,被告 C 公司为货运代理、被告 B 公司为货运代理。原告认为,托运人未如实向承运人告知货物品名,尤其是未申报危险品,造成承运人损失的,应当予以赔偿。故诉请法院判令四被告共同给付货物销毁费用。

被告 A 公司答辩称:涉案货物的出运均没有 A 公司的相关文书,故原告的诉请不符合事实。

被告 B 公司答辩称:被告 B 公司与原告没有海上货物运输合同关系,也没有发生直接的关系,被告 B 公司不应该承担责任,请求驳回原告对 B 公司的诉请。

被告 C 公司答辩称:涉案两票货物是受 B 公司的委托,C 公司是货运代理人,C 公司在事后得到原告通知说货物是烟花,就一直和 B 公司联系。C 公司是按照 B 公司作为托运人定价的,与 A 公司事实上没有关系。

被告台州外运答辩称:原告诉称的两票货是台州外运接受 C 公司的委托向原告订舱的。台州外运仅负责代理订舱,报关、拖箱等事务由托运人自行处理,由于涉案两只集装箱属于自拉自报,因此台州外运是不可能知晓货物的真实情况的。事后,在处理原告与 A 公司及 B 公司是否转运或销毁该货物的协商过程中,台州外运积极配合,尽了代理人的义务,并得知 A 公司和 B 公司给原告出具了相关的保函。在代理订舱过程中,台州外运并无过错,无需承担任何责任。

法院查明:B 公司以 A 公司为托运人委托 C 公司代理

出运两票出口货物，货物品名为"狂欢节用品"。C公司接受委托后，委托台州外运订舱出运。台州外运接受委托后向原告订舱，原告分别装船出运。涉案两个集装箱在Felixstowe卸下，经查，内有未经申报的属危险品的贝壳烟花。该批货物在当地被销毁，原告支付销毁费用共132,985英镑。另查明，B公司和C公司以A公司为托运人，出口货物申报为普通货物，未说明是危险品，都是为了获取相对便宜的运费，货物并非A公司所有。2008年7月22日以A公司名义向原告出具的保函上A公司的章也是C公司所盖。

法院认为，根据《海商法》第68条第1款的规定："托运人托运危险货物，应当依照有关海上危险货物运输的规定，妥善包装，做出危险品标志和标签，并将其正式名称和性质以及应当采取的预防危害措施书面通知承运人；托运人未通知或者通知有误的，承运人可以在任何时间、任何地点根据情况需要将货物卸下、销毁或者使之不能为害，而不负赔偿责任。托运人对承运人因运输此类货物所受到的损害，应当负赔偿责任。"本案中提单记载的托运人虽为A公司，由于B公司和C公司等均确认，A公司并非本案货物的所有人和托运人，故本案与A公司无涉。根据《合同法》第403条第2款的规定，受托人以自己名义与第三人订立合同时，当受托人因委托人的原因对第三人不能履行义务，受托人应当向第三人披露委托人，以便第三人选择相对人主张权利。即如果受托人不向第三人披露委托人，则由受托人自行承担责任。涉案货物是由B公司委托C公司出运，C公司委托台州外运订舱，由原告作为承运人承运出口，因此在本案中第一个提供并交付货物的是

B公司,虽然B公司抗辩其也是货运代理人,但至本案法庭辩论终结,也未能披露货物的所有人或其委托人,故法院认定B公司为货物交付人,为本案托运人。由于B公司在委托出运过程中,一直未披露并通知下家货物属危险品,因此作为承运人的原告在目的港将货物销毁是符合法律规定的,对因销毁货物而产生的费用,应由作为托运人的B公司负责。作为货运代理人的C公司和订舱代理的台州外运,没有证据证明该两被告对货物的属性系属明知且隐瞒了真相,故该两被告对货物被销毁也不应承担责任。因此,原告要求被告B公司承担赔偿责任的诉请有理,法院予以支持。原告要求A公司、C公司、台州外运也承担赔偿责任的诉请,证据不足,不予支持。

法院最后判决被告宁波B国际货运有限公司赔偿原告A.P.穆勒-马士基有限公司销毁危险品货物的费用132,985英镑。

此案中,被告宁波B国际货运有限公司如果能够提供证据证明货物是由实际货主委托,且在委托时未声明货物性质,可以如同其他被告,成功抗辩无需担责。但由于该公司无法提供证据予以证明和所谓实际货主的委托关系,故被法院认定为交付货物的托运人。货代企业应从中吸取教训,谨慎收集、保存货主的委托材料,以便在必要时候用以规避责任。

(二)托运违禁货物,目的港无法入境或无人提货

此类风险在国际贸易中时有出现。在出口运输中,托运人将违禁货物,如核废料向承运人托运,此后公司销声匿迹,承运人不得不承担巨额处置费用。在进口运输中,曾经在申报的进口废报纸中出现医疗垃圾等。如果货代不慎采用了套单(签发

货代企业自己的提单给货主）做法，在承运人的主提单（Master B/L）中记载自己为托运人或收货人，则后果不堪设想。因此，货代在接受来历不明的订舱或对货物性质存疑的情况下，切不可为赚取运费差价使用套单，或为货主向承运人出具保函。

（三）对货物价值缺乏正确认识

扣押货主单据、货物或提货凭证是货代规避风险的常用方法之一。对货代的这种做法，法律界一直存在不同观点。2012年5月1日起施行的《最高人民法院关于审理海上货运代理纠纷案件若干问题的规定》采取了折中做法，其中第7条规定："海上货运代理合同约定货运代理企业交付处理海上货运代理事务取得的单证以委托人支付相关费用为条件，货运代理企业以委托人未支付相关费用为由拒绝交付单证的，人民法院应予支持。合同未约定或约定不明确，货运代理企业以委托人未支付相关费用为由拒绝交付单证的，人民法院应予支持，但提单、海运单或者其他运输单证除外。"

随着近年无纸化通关的施行，货代持有的单据种类越来越少，传统的出口报关的重要单据之一外汇核销单也不复存在了，很多货代企业为了防范风险，常常按照律师的建议，会据此在委托代理合同中明确约定货主不及时付清款项时，货代有权扣押各类单据，包括提单。但如果货代企业对货物的性质及价值没有正确的认识，虽然成功扣押提单乃至货物，也可能无法成功规避风险，以下是此类风险的典型案例。

⊙ 案例　福建某货代公司诉讼漳州某进出口企业国际货运代理合同纠纷案

2011 年 7 月,原告某货代企业与被告漳州某进出口公司签订《货运代理协议书》,约定被告委托原告作为货运代理人,安排出口货物("野生梭子蟹冻蟹身")订舱等事宜。协议对付款期限、违约责任等做了明确约定,协议期限为一年,到期如无异议,自动延续。自 2013 年 7 月起,被告虽然对原告垫付的有关费用确认无疑,但未按照协议规定的期限付款,截至 2014 年 10 月 15 日止,共欠原告各项费用人民币 1,146,433.94 元,美元 672,909.88 元。原告还扣押了被告名下一份提单,提单项下货物价值远高于欠款数额。

案件起诉后,原告又申请了财产保全,请求依法冻结上列被申请人的银行存款人民币 650 万元(或等额外币),或依法查封、扣押、冻结上列被申请人的其他等值财产。法院根据报关单的货物单价,扣押了被告仓库相应数量的"野生梭子蟹冻蟹身"。

案件受理后,双方在法院主持下,快速达成和解。被告对欠款和还款期限进行确认。法院据此制作了民事调解书。但调解书确定的还款期限届满,被告没有支付任何欠款。原告遂向法院申请强制执行。然而,进行执行程序后,法院对查封扣押的"野生梭子蟹冻蟹身"两次拍卖,均无人问津。同时还发现被告在最高法院被执行人网有多个执行案件,涉及广东、福建多个法院,金额巨大。

不久,该进出口公司对货代公司提起诉讼,称因货代公司扣押提单,导致两个货柜"野生梭子蟹冻蟹身"买方不能及时提取货物,最终买方拒收货物,要求法院判令货代公司赔偿其损失一千余万人民币。

在案件审理过程中,涉案货物承运人在香港就涉案货物委托检验机构进行检验。结果发现该批货物包装上没有任何标志,不符合食用和销售标准,货物有不同程度的损伤。法院经审理,认为货代公司有权扣押提单,进出口公司应当自行承担责任,并驳回了进出口公司的诉讼请求。二审法院维持了一审判决。

案件启示:

第一,货代公司对货主资信了解不足。该进出口企业在委托出口运输时已经陷入财务危机,已拖欠多家货代公司运费。该公司同时还有多起诉讼和执行案未了。货代公司对货物了解不足,误以为"野生梭子蟹冻蟹身"为高价值商品,扣押提单可以给货主足够压力,起诉后保全与发票价值相当的库存货物可以实现债权。但此后在两次拍卖无法成交后经向业内人士了解方得知货物没有什么实际价值,并有利用货物从事"国际旅游"骗取退税之嫌,法院保全的货物实际上也已被货主质押给金融机构。

第二,货代公司没有采取见款放单方式,在货主不能及时还款的情况下,仍然持续垫付运费,最终导致欠款金额进一步扩大,最终局面非常被动。

第2节 货代企业因身份界定不清导致的风险

目前,许多物流企业混淆货运代理、无船承运人、承运人代理人、船舶代理人等概念,在货运代理业务过程中对自己定位不明确。具体表现为兼营货运代理、无船承运等业务或同时代理货主又代理无船承运人;有时在与货主的交流中措辞不当,使得货主误以为是将货物交给其承运;有时在代理过程中不是向货主收取代理佣金而是收取运费,开具海运费发票;有时虽以自己名义与货主订立代理协议,但协议内容兼有运输和代理等多方面内容等。有的货代公司名为货代,实际上主营业务是代理某个船公司,或者是与船公司存在合约的无船承运人,通过享有其优惠运价承揽货物赚取差价。此时,货代公司通常不愿意向货主披露更多关于船东或无船承运人的信息。一旦发生无单放货等纠纷,货主对货代企业提起诉讼,就极易导致货代企业被法院认定为具有无船承运人身份而承担远远大于代理人责任的法律责任。

◉ 案例 **福建×××储运公司诉讼福州×××物流有限公司货运代理合同纠纷案** [（2005）**厦海法商初字第** 390 **号**]

某进出口公司委托 A 货代公司安排出口运输事宜,因货物在目的港遭无单放货,希望起诉挽回损失。律师审核了货主提交的证据材料,发现在运输过程中存在层层转委托,难以确定具体由哪个公司承运,货主手上也没有持有正本提单。恰巧此时该进出口公司收到法院传票,A货代公司向法院起诉该进出口公司,称为进出口公司垫付了其所应付的运费,并出具了B货代公司出具的运费收取证明,要求进出口公司偿还。律师代理进出口公司应诉,在被判令支付运费后,将B货代公司出具的运费收取证明为证据,对B货代公司以承运人身份提起无单放货之诉。法院最后认定B货代公司虽未签发提单,但收取了运费,可以认定为承运人,应当承担无单放货的责任。B货代公司被判令赔偿进出口公司全部损失。

此案中,B货代公司事实上并非承运人,而是接受A货代的委托又将货物转委托其他货代。出具运费收取证明仅仅是为了配合A货代对货主提起诉讼。但由于没有充分考虑风险,最终导致承担了承运人应承担的责任。

◉ 案例　**原告A公司诉被告马士基等海上货物运输合同货物接收纠纷案**[一审案号:(2002)**广海法初字第**415**号,二审案号:**(2003)**粤高法民四终字第**151**号**]

原告A公司诉称:2002年1月,A公司通过B公司和C公司托运一个集装箱货物,自广州至尼日利亚阿帕帕(APAPA)港。A公司向B公司支付了运费。1月18日,广州马士基公司代表承运人签发了以A公司为托运人的正本提单,编号为KWAF13356,马士基公司作为承运人在提单中"已装船"字样上加盖印章。广州马士基公司是马士基公司的分支机构。上述货物于2002年2月26日运抵目的港后,被人在未提交正本提单的情况下提走。A公司仍持有全套正本提单,但不能提取货物,也无法收回货款,损失达 71,134 美元。四被告接收 A 公司货物后,不履行凭正本提单交货的法定义务,应对 A 公司的损失承担赔偿责任。据此,请求判令被告马士基公司、广州马士基公司、B 公司、C 公司连带赔偿 A 公司货款损失 71,134 美元(按 2002 年 2 月 26 日美元对人民币汇率 1 比 8.2889 计算,折合人民币 589,622.61 元)及其自 2002 年 2 月 26 日起至实际清偿之日止、按中国人民银行人民币同期贷款利率计算的利息。

一审判决认为:B 公司将委托事项转委托给 C 公司,C公司向广州马士基公司订舱。广州马士基公司签发了以 A 公司为托运人的提单。在本案提单所证明的海上货物运输合同关系中,A 公司是托运人,并持有全套正本提单,是提单的合法持有人,有权就提单提货不能造成的损失提起诉讼。B 公司和 C 公司没有从事实际运输,没有以自己名义签发提单,而是以 A 公司的名义向承运人办理托运手续,其身份是 A 公司的货运代理人,并非承运人。其接受委托后,向广州马士基公司订舱取得了正本提单,并将全套正本提单交给 A 公司,履行了委托合同项下的义务,对交付货物没有责任。本案所涉提单是广州马士基公司在广州签发的马士基海陆抬头的提单。提单签发人一栏两处分别以印制和打印两种方式表明签发人是作为承运人的代理人签发提单。提单签发人上方明确标示承运人为 1912 公司。提单背面定义条款再次明确承运人为 1912 公司,并标明其地址,另表示提单抬头"马士基海陆"是承运人的商号。以上所述提单各处细节均表明广州马士基公司是作为承运人的代理人签发提单,而且明确其所代理的承运人是 1912 公司。马士基公司在签发本案所涉提单时,已经取得 1912 公司关于在中国签发马士基海陆抬头提单的授权。广州马士基公司作为马士基公司的分支机构,在 1912 公司授权范围内,以 1912 公司名义签发提单,其后果应由委托人即 1912 公司承担。所以,本案海上货物运输合同的承运人是 1912 公司。A 公司认为马士基公司在提单上"已装船"处盖章只能是承运人,而不能是代理人的主张,没有法律及事实依据,不能成立。综上,马士基公司和广州马士基公司是承运人 1912 公司的代理人,B公司、C 公司是 A 公司的货运代理人,四被告均非本案所涉海上货物运输的承运人,没有交付货物的义务,不应向 A 公司承担赔偿责任。一审判决驳回原告广州市 A 实业有限公司的诉讼请求。

然而原告不服一审判决,向广东省高级人民法院提起上诉。二审认为 A 公司向 B 公司要求托运货物并约定了运费,B 公司收取了运费并开具了运输发票。以上事实表明,A 公司与 B 公司之间成立了海上货物运输合同关系。虽然 B 公司未向 A 公司签发提单,也未从事实际运输,但这不影响其通过确认托运单与 A 公司建立海上货物运输合同法律关系而成为合同承运人。

此案中,运费的收取以及开具发票的种类均成为认定承运人身份的关键,法院据此认为 A 公司与 B 公司之间成立了海上货物运输合同关系。货代企业最终承担了承运人的责任。因此,货代企业在向货主开具发票时应尽可能注明代收性质,如果可以,在运费前选择备注"货运代理服务费"。

第3节　货代企业签发提单可能存在的风险

由于货代行业竞争日益白热化,货代公司很难从货主身上赚取令其满意或足以维持其生存的单纯代理费,因此货代企业往往不甘于将自己的业务范围局限于纯货运代理事务,而是千方百计地拓宽业务渠道或延伸服务范围,如接受境外同行的委托代为处理指定货或签发自己的提单以赚取差价等。目前规模较大的货代企业均不同程度地与船公司存在合作关系,或定有服务合约,或作为其订舱代理等;或与境外货代公司形成合作关系,互为操作指定货代。单纯的货代公司的生存和发展空间越来越小,同时也鉴于货物运输的国际性,不同国家和地区货代企业之间的合作不可避免。此时,货代企业在选择合作伙伴时应结合合作内容、方式,谨慎运作,否则可能在获得微小利益的同时面临巨大风险。不少货代公司一旦有境外同行委托操作指定货则欣喜若狂,殊不知这极可能是灾难的开始。为此,建议在接受国外同行委托操作指定货时要慎之又慎。

根据《中华人民共和国国际海运条例》第7条,无船承运业务是指无船承运业务经营者以承运人身份接受托运人的货载,签发自己的提单或者其他运输单证,向托运人收取运费,并通过国际船舶运输经营者完成国际海上货物运输,承担承运人责任的国际海上运输经营活动。该条例还规定,经营无船承运业务,应当向国务院交通主管部门办理提单登记,并交纳保证金。

第 8 条进一步规定了保证金的数额以及用途,保证金用于无船承运业务经营者清偿因其不履行承运人义务或者履行义务不当所产生的债务以及支付罚款。

《最高人民法院关于审理海上货运代理纠纷案件若干问题的规定》第 12 条规定:"货运代理企业接受未在我国交通主管部门办理提单登记的无船承运业务经营者的委托签发提单,当事人主张由货运代理企业和无船承运业务经营者对提单项下的损失承担连带责任的,人民法院应予支持。"

因此,货代企业如果在接受国外同行委托,需要签发其提单时,务必确认该提单已在国务院交通主管部门备案,否则一旦出现无单放货,极可能被要求为无单放货承担责任。对于赚取微薄操作费或佣金的货代公司来说,承担赔偿货款的责任,即使用"灾难性"来形容也不为过。虽然上述司法解释第 12 条第 2 款还规定了"货运代理企业承担赔偿责任后,有权向无船承运业务经营者追偿",但鉴于大部分货代与境外同行并未签署正式协议,再者追偿涉及跨国诉讼,因此,最后结果大多是国内货代公司自行承担损失。所以,防范此类风险是货代公司管理的重中之重。以下就几类常见的风险举例说明。

(一)未获得提单所有人授权签发提单,被认定为承运人

◉ 案例　**中国人民财产保险股份有限公司宁波市分公司诉被告深圳 A 国际物流有限公司、被告马士基(中国)航运有限公司海上货物运输合同纠纷案。**

[案号:(2006)广海法初字第 159 号]

原告诉称:2005 年 3 月 13 日,原告承保的 226 箱家具,装载于"克莱门泰恩·马士基"(CLEMENTINE

MAERSK)轮上一集装箱内,从中国盐田运往挪威阿里桑德(Aalesund)。被告签发了清洁提单。货物到达目的港后,经检验,发现货物严重水湿受损。原告根据保险合同赔偿了被保险人的损失,依法取得了代位求偿权。被告 A 公司系涉案货物运输的承运人,被告马士基中国公司和 A.P.穆勒-马士基系涉案货物运输的实际承运人,三被告在运输上述货物途中,没有妥善、谨慎地装载、搬移、积载、运输、保管、照料和卸载所承运的货物,对于货物损失负有不可推卸的责任。请求法院判令三被告连带赔偿原告货物损失和检验费用共计 30,610.51 美元。

被告 A 公司辩称:(1)本公司不是货物承运人,而是货运代理人。而且宁波 B 进出口有限公司(以下简称"B 公司")并未向 A 公司订舱,而是向 A 公司中山分公司(以下简称"A 中山公司")订舱;A 中山公司接受 B 公司的订舱后,以自己的名义向马士基物流(中国)有限公司深圳分公司(以下简称"马士基物流深圳分公司")订舱托运。原告将 A 公司作为被告系诉讼对象错误。(2)涉案货损并非因货物通风不良所致,而是货物本身含水量过高,在运输途中自然蒸发所致,是由于货物本身的自然特性或者固有缺陷所造成,属于承运人法定免责范畴。(3)原告提交的检验报告无法断定货损原因在于承运人。(4)原告提交的检验报告没有任何关于检验机构和人员资质的证据,定损程序不当,不能作为定损依据。(5)原告的代位求偿权取得有瑕疵。原告没有提供收货人即货物买方 TEMA TRADING AS(以下简称"TEMA 公司")与 B 公司之间的贸易合同;未能证明 TEMA 公司已经支付货款,本案的货物所有权或保险利益已经转移;提单背面没有 TEMA

公司的背书,无法证明 TEMA 公司是合法的提单持有人。

合议庭成员一致认为:提单是运输合同的证明。本案 PMLE05030239 号提单记明,B 公司为托运人。提单由 A 公司签发,虽然记明为 A 公司作为承运人马士基海陆的代理,但事实上,A 公司并没有得到马士基海陆的授权,事后也没有得到追认。因此其法律后果应由 A 公司承担,应认定 A 公司为货物承运人。A 中山公司虽然也可以作为民事诉讼主体,但因其不具有法人资格,其民事责任应由 A 公司承担,而且 A 公司是本案合同的主体,是本案的适格被告,A 公司关于原告起诉对象错误的答辩理由不成立。

虽然最后合议庭认为本案承运人 A 公司在提单上关于"托运人负责装箱、计数和封箱"的批注是有效的,承运人和实际承运人在运输中已尽到妥善地、谨慎地管货的义务,不应对货物损失承担责任,但 A 公司承运人的身份得到法院的确认。

如果提单由货代公司签署,但未注明是作为承运人的代理人签发,尽管承运人在境外合法注册,且已授权货代公司签发提单,但货代公司以承运人的名义签发提单,并在事后才披露承运人身份,根据《合同法》第 403 条的规定,提单持有人可以向货代主张权利,也可以选择向承运人公司主张权利。

(二)签发未在交通运输部备案的提单

代理人如果知道被委托代理的事项违法后仍然进行代理活动的,或者被代理人知道代理人的代理行为违法但不表示反对的,由被代理人和代理人负连带责任。前述引用的《货代司法解释》第 12 条第 1 款就明确规定,货运代理企业接受未在我国交通主管部门办理提单登记的无船承运业务经营者的委托签发提单,当事人主张由货运代理企业和无船承运业务经营者对提单项下的损失承担连带责任的,人民法院应予支持。因此,货代企业如果签发未在交通运输部备案的提单,则违反了《海运条例》及实施细则的规定,如果遇到目的港无单放货,很可能被判令与提单所有人承担连带责任。此时,由于委托签发提单的提单所有人大多为境外注册公司,货代企业承担赔偿责任后将难以向委托人索回损失。

◉ 案例 原告C公司诉被告D公司海上货物运输合同纠纷案（《人民司法》2014年第16期）

　　某境外买家A公司向福建某工厂订购一批午餐包,并指定B公司作为承运人进行运输。福建某工厂将订单又转卖给C公司,并由C公司安排出口运输。2010年12月4日,C公司委托D公司办理货物出运的订舱事宜。2010年12月8日,D公司向C公司发出账单,要求支付订舱费、单证费等,并称:"……我司将在收到汇款水单传真后签发提单。……"C公司将账单费用支付给D公司后,D公司作为B公司在起运港的代理,代表B公司签发了一式三份正本提单圆形印章,右下角提单签发处加盖印章"for and behalf ×××　Logistics Limited B物流有限公司",然后将一式三份正本提单交付C公司。提单正面记载:托运人C公司,收货人凭指示,通知方MAY'S ZONA LIBRE, S. A.,装货港中国厦门,卸货港巴拿马科隆自由贸易区,货物为午餐包,装船日期2010年12月7日,运费到付,签发地和日期（Place and date of issue）为2010年12月7日厦门。

2011 年 1 月 3 日，货物到达目的港科隆后，在提单仍由 C 公司持有的情况下，B 公司未凭正本提单即将货物交付给提单通知人 MAY'S ZONA LIBRE,S.A.。现 C 公司仍持有涉案全套正本提单，也未收到货款。B 公司系在香港注册的法人公司，在境内无代表机构，也未在我国交通主管部门办理提单登记。

于是 C 公司向海事法院起诉，要求被告 D 公司与 B 公司连带承担因 B 公司无正本提单放货造成货款损失的赔偿责任。

法院判决：货运代理企业明知委托代理的无船承运业务违反《中华人民共和国国际海运条例》的强制性规定而仍然代理签发提单，根据《中华人民共和国民法通则》第 67 条的规定，应当与无船承运人承担连带赔偿责任。

(三)提供来源不明的提单

◉ 案例　晋江市 A 服饰织造有限公司与厦门市 B 国际货运代理有限公司海上货运代理合同纠纷

[案号：厦门海事法院(2013)厦海法商初字第 358 号]

原告 A 公司诉称，2013 年 4 月份，原告以厦门××进出口有限公司(以下简称××公司)名义海运出口一批布料从厦门港经香港至孟加拉达卡港，并委托买方指定的货运代理人即被告代为办理货物运输，被告安排海运出口并交付了 Emirates Shipping Line(阿联酋航运有限公司，以下简称阿联酋航运)抬头的提单。2013 年 5 月中下旬，原告向被告追踪货物信息，得知被告已将货物电放给香港 C

国际物流有限公司(以下简称 C 公司)。此时原告议付单证被银行退回,原告了解到被告交付的提单并非阿联酋航运提单,因系虚假提单导致原告无法收回货款。原告认为被告向其交付虚假提单,私自处理货物,故请求判令被告赔偿货物损失 198,650 美元及按银行同期贷款利率计算至判决确定之日的利息。

被告 B 公司辩称,被告为 C 公司的代理,已履行了代理的义务,被告按照 C 公司指示在香港将提单电放给 C 公司没有过错;涉案提单由 C 公司出具,被告仅代 C 公司寄送提单给原告,其作为提单提供者 C 公司的代理,没有能力也没有核实提单真假的义务,因此其没有过错;被告只代原告安排订柜、码头操作、消毒、检验检疫等离港前装货付运作业,并不包括订舱服务,被告并没有违约;原告货款未能收回是因为自己的过错,应自行承担损失,在 FOB 贸易条款下,原告作为卖方只能向货物买方主张权利。综上,请求法院驳回原告的诉讼请求。

法院查明事实后认为,涉案提单是以阿联酋航运为抬头,但其格式与该公司在我国备案的提单格式明显不同,提单签发人栏承运人的名称与备案提单上记载的相似,但并不一致。提单上记载的航程信息仅是厦门至香港,而没有香港至达卡的信息,且香港阿联酋航运公司厦门代表处亦出具其公司未签发案涉提单的书面证明。本案中,虽然被告辩称提单是真实的,但其无法对此举证,其也不能提供证据反驳原告关于虚假提单的举证。故应当认为涉案提单是一套冒用阿联酋航运名义的虚假提单,鉴于提单由被告最终向订舱人出具,应认为涉案提单由被告所签发。

被告称其实际并未向阿联酋航运订舱,被告作为一名专业的国际货运代理人,使用、交付阿联酋航运的提单,应该核实提单的真实性,应该核实该公司是否经营香港至达卡的航线,应该核实所收取提单是否与交通运输部备案提单一致,应该了解货物从香港至达卡的运输信息,在上述事项均不知晓的情况下,签发或出具虚假提单,未尽到一名合格货运代理人的谨慎注意义务,明显具有过错。

在厦门至香港的支线船务有限公司提单中,被告以自己为托运人,以其香港公司为收货人和通知人,被告同时向C公司签发以自己为承运人的提单,并在香港将提单电放给C公司,即被告事实上以承运人的身份行事并控制货物。因此,被告也应尽到谨慎告知和谨慎管理货物的义务。

在本案中,若被告只负责厦门至香港的运输,则被告应要求支线船务有限公司向原告签发提单或被告直接向原告签发提单,保证原告享有厦门至香港航程的货物控制权,并应就支线提单电放给C公司、在香港签发全程提单事先征得原告的同意。但被告既没有如实向原告告知货物运输信息,也没有征求原告的意见,亦没有对香港至达卡航次信息进行任何了解或核实,随意将支线提单电放给C公司,并交付了全程虚假提单给原告,最终导致原告失去对货物的控制,没有尽到其应有的谨慎告知义务和谨慎管理货物义务,显然存在过错。

最后法院判决被告厦门市B国际货运代理有限公司向原告晋江市A服饰织造有限公司赔偿损失及相应的利息。

(四)未能向货主提供提单

根据《合同法》第404条,受托人处理委托事务取得的财产,应当转交给委托人。货代公司作为货主的代理人,在完成货运代理事务后,除非另有约定,应当将获得的提单及时交给货主,否则将可能构成违约。

⊙ 案例　**原告张家港市 A 印染有限公司起诉被告上海 B 货运代理有限公司(以下简称 B 货代)、被告青岛 C 物流有限公司(以下简称青岛 C)货运代理合同纠纷案**
[上海海事法院(2009)沪海法商初字第 582 号]

原告诉称:原告将货物交付 B 货代。原告虽一直要求 B 货代、青岛 C 交付提单,但两被告均未向原告签发货代提单,也未转交船公司签发的海运提单。经查询马士基(中国)航运有限公司网站,发现涉案货物已被提取。为此,原告请求判令 B 货代、青岛 C 赔偿货物损失。

B 货代辩称,原告是出口商法比瑞克的国内供货商,其并非原告的货运代理人,与原告间并无货运代理合同关系。为此,B 货代请求驳回原告诉请。

青岛 C 辩称,原告从未委托其作为涉案货物的货运代理人,其与原告间并无货运代理合同关系;原告向其支付港杂费依据的是买卖合同的约定;原告未与国外收货人签订过外贸合同,故货物交付给国外收货人与原告是否收到货款无关;原告应依据买卖合同向法比瑞克追讨货款。

法院认为,根据原告及青岛 C 各自诉辩主张,本案纠纷主要涉及原告与青岛 C 间是否存在货运代理合同关系,以及货运代理人履约是否存有过错的争议焦点问题。法院认为,原告与青岛 C 之间双方以实际行动建立起了事实上的货运代理合同关系。青岛 C 在实际掌握提单并有能力交付的情况下,未向原告交付,应被认定为履行货代义务存在过错。青岛 C 履行货运代理义务存有过错,并导致原告既交付货物又无法取得提单,最终因失去对货物的控制而无法收回全部货款。对此,青岛 C 理应承担赔偿责任。

法院最终判决被告 C 物流赔偿原告张家港市 A 印染有限公司损失。

第4节　货代企业操作过程可能存在的风险

一、货运代理人未尽谨慎义务

根据《合同法》第 406 条:"有偿的委托合同,因受托人的过错给委托人造成损失的,委托人可以要求赔偿损失。",以及《最高人民法院关于审理海上货运代理纠纷案件若干问题的规定》第 10 条规定:"委托人以货运代理企业处理海上货运代理事务给委托人造成损失为由,主张由货运代理企业承担相应赔偿责任的,人民法院应予支持,但货运代理企业证明其没有过错的除外,",货代企业应当尽职尽责,根据自己的专业知识为客户提供服务,并确保能满足客户最基本的要求,否则如因疏忽大意给委托人造成损失,可能会被判令承担赔偿责任。如货代企业在获得承运人签发的提单后未尽向委托人交付提单或未尽具体运输条款是否正确的审查义务,就会被判令承担赔偿责任。

◉ **案例** **原告佛山市 A 进出口有限公司与被告 B 公司佛山分公司、B 公司海上货运代理合同纠纷案** [（2013）广海法初字第 492 号]

原告诉称：2012 年 6 月 5 日，原告与外商达成国际货物买卖协议，外商向原告购买淋浴房设备至委内瑞拉。原告委托 B 佛山分公司将货物运输至委内瑞拉，双方成立海上货物运输合同关系，原告是托运人，被告是承运人。B 佛山分公司于 8 月 21 日签发了编号为 FOQ036959 的正本提单，并向原告收取了代理运费，双方之间既有运输关系也有代理关系。11 月 23 日，B 佛山分公司以电邮的方式告知原告货物已被收货人提走。原告未将正本提单交予客户，客户提货后不再向原告支付货款。B 佛山分公司是 B 公司在佛山开设的分公司，故 B 公司应就本案纠纷承担民事赔偿责任。两被告作为承运人无单放货，给原告造成了直接经济损失，两被告应承担赔偿责任。请求法院判令两被告向原告赔偿损失。

两被告共同辩称：两被告不是涉案货物的承运人，只是承运人的代理人，为承运人在装货港揽收货物及代表承运人签发提单。本案是 FOB 货物，收货人负责订舱，两被告与原告之间不存在海上货物运输合同关系，即使承运人需要承担无单放货的责任，两被告作为代理人也无须承担。涉案货物是与其他货物拼装运输的，其他货物也有一份提单，承运人是根据另一份提单放货的，原告持有的提单属于多签发的提单，本案不是无单放货。根据目的地委内瑞拉的法律，承运人可以不凭正本提单放货。收货人已经支付了货款，原告并没有损失。请求法院驳回原告的诉讼请求。

法院认为:B佛山分公司作为专业的货运代理公司,对集装箱运输各个环节的操作及提单签发具有专业的知识,其作为一个谨慎的货运代理人,在征求原告同意将涉案货物安排成拼箱运输后,应该向原告交付拼箱运输的正本提单,却向原告交付了整箱运输的涉案提单,未尽到货运代理人谨慎义务对提单进行审核,将标识不正确的正本提单交付原告,以致原告不能凭提单有效控制货物。该佛山分公司未谨慎审核提单签发错误,直接导致收货人仅凭一式提单完成清关后即提货,造成原告仍持有提单而无法收取货款的损失。依据最高人民法院《关于审理海上货运代理纠纷案件若干问题的规定》第10条"委托人以货运代理企业处理海上货运代理事务给委托人造成损失为由,主张由货运代理企业承担相应赔偿责任的,人民法院应予支持,但货运代理企业证明其没有过错的除外"和《合同法》第406条"有偿的委托合同,因受托人的过错给委托人造成损失的,委托人可以要求赔偿损失"的规定,B佛山分公司完成原告委托事项有明显过错,原告诉请B佛山分公司赔偿其遭受的无单放货损失有事实和法律依据,故B佛山分公司依法应当赔偿原告的损失。

法院判决支持了原告的诉讼请求。

二、选择承运人不当

案例 **宁波 A 进出口有限公司与厦门 B 国际货运代理有限公司宁波分公司、厦门 B 国际货运代理有限公司海上、通海水域货运代理合同纠纷案** [（2015）甬海法商初字第 1052 号]

原告：宁波 A 进出口有限公司

被告：厦门 B 国际货运代理有限公司宁波分公司

被告：厦门 B 国际货运代理有限公司

原告宁波 A 起诉称：2015 年 3 月，美国客户 BATH 公司向原告采购一批空气清新剂，指定 B 宁波分公司为国内货代。此后，原告委托 B 宁波分公司代为办理包括装箱、拖车、缮制单证、向承运人交付货物等在内的出运事项。B 宁波分公司于 2015 年 3 月 19 日将涉案提单草稿件发给原告，原告于 3 月 23 日确认提单，该提单记载托运人为原告，收货人为 BATH 公司，右下角显示的承运人为 SPA INTERNATIONAL INC.（以下简称 SPA 公司）。涉案货物约定电放，因美国客户 BATH 公司一直未支付货款，货到目的港后，原告曾多次告知 B 宁波分公司"没有电放指令，不得随意放货"，B 宁波分公司明确答复"我这里没给你做电放，电放要等你们保函过来的"。近期，原告查询得知，涉案集装箱早已被拆箱后重新投入运营，货物已被放掉，同时原告得知，B 宁波分公司委托的承运人为无资质的无船承运人。原告认为，B 宁波分公司作为原告涉案 FOB 货物出口指定货代，在没有取得授权的情况下向原告签发提单，应承担承运人无单放货的责任。同时 B

宁波分公司将货物委托给无资质的无船承运人运输导致原告产生货款损失且难以主张权利,也应承担相应赔偿责任。被告 B 公司应对其分支机构承担连带赔偿责任。原告遂诉至法院,请求判令:两被告赔偿原告货款损失。

两被告答辩称:一、原、被告不存在海上货运代理合同关系,ICS Worldwide Limited(以下简称 ICS 公司)系涉案货物的货运代理人,ICS 公司向 SPA 公司订舱出运,SPA公司向原告签发无船承运人提单,B 宁波分公司仅系 SPA公司在宁波的单证代理,原告货损应向 SPA 公司和 ICS公司索赔;二、涉案货物为拼箱货,拆箱不代表货物已被收货人提取,涉案货物仍放置在目的港仓库;三、根据海关出口报关单记载,原告系出口方,不是实际货主,不存在任何货款损失。

法院查明:国外买方 BATH 公司从原告处购买价值7,056 美元的空气清新剂,贸易方式为 FOB。2015 年 3月,BATH 公司通过其国外货代 ICS 公司委托 SPA 公司承运涉案货物,ICS 公司向原告披露其国内货代公司为 B宁波分公司。原告和 B 宁波分公司通过 QQ 联系货物出运事宜,B 宁波分公司将涉案提单副本发给原告,原告确认提单。提单记载托运人为原告,收货人为 BATH 公司,提单抬头及右下角显示承运人为 SPA 公司。双方约定货物为电放,B 宁波分公司承诺在收到原告电放保函后再放货,并向原告收取了包括单证费、报关费、拖车费、商检费、港杂费、操作费和电放费在内的货代费用。后原告查询得知,涉案集装箱到达目的港后已被拆箱重新投入运营。原告以被告 B 宁波分公司未尽到货代义务且存在过错导致其无法收回货款、被告 B 公司应对其分支机构承担连带赔偿责任为由诉至本院。

法院认为,涉案货物贸易方式为 FOB,原告经国外买方指定通过 QQ 方式和 B 宁波分公司联系货物出运事宜,B 宁波分公司向原告收取包括单证费、报关费、拖车费、商检费、港杂费、操作费和电放费在内的货代费用并承诺在收到原告电放保函后放货,原告和被告 B 宁波分公司成立海上货运代理合同关系。原告主张涉案货物在其未发出电放指令前已被拆箱提取,被告方辩称因涉案集装箱系拼箱货,拆箱流转并不构成放货,涉案货物仍堆放在目的港仓库。对此,法院认为,拼箱货需要在目的港进行拆箱,仅凭集装箱流转信息尚不能直接反映涉案货物已被提取的事实,但 B 宁波分公司已抗辩称货物仍在目的港仓库,且明确承诺待收到原告电放保函后再放货,根据举证能力的大小,应由 B 宁波分公司证明货物仍在仓库未被提取的事实,但其未提供证据予以证实,故 B 宁波分公司关于货物仍在目的港仓库未被提取的辩称,证据和理由均不充分,本院不予采信。B 宁波分公司作为货运代理人,未尽谨慎义务,将货物交予未在我国交通主管部门办理提单登记的无船承运人进行运输,导致原告对货物失去控制至今无法收回货款,B 宁波分公司存在过错,应承担相应的赔偿责任。因此,原告主张 B 宁波分公司赔偿原告货款损失的理由成立。

法院判决被告厦门 B 宁波分公司、厦门 B 国际货运代理有限公司赔偿货款损失。

三、超出代理职责范围出具保函的风险

在国际货运业务中,货代企业往往处于弱势地位,一方面

要获得船东或由船东指定的订舱代理人的支持,一方面又要获得货主的货源,因此在货主利益和船东、承运人利益发生冲突时,货代企业往往处于两头为难的境地。实务中,各类保函层出不穷就是一种表现。船东或其指定订舱代理为了最大限度规避责任,往往要求货代企业出具各类保函为货主承担连带责任。为了促成交易,货代企业经常为货主出具盖货代企业印章的保函或在货主出具的保函上加盖货代企业印章。这种加盖印章的作用可以有两种,一是要求货代确认货主保函的真实性,二是要求货代为货主承担连带责任。因此货代企业应当严格把关,避免因此承担担保责任。

在最高人民法院(2017)最高法民 71 号 WH 集运(深圳)有限公司与深圳市×××国际货运代理有限公司货运代理合同纠纷案中,就是货代企业因出具此类保函被判令承担不属于货代代理范围的责任。

◉ 案例

2013 年 5 月,×××公司委托 WH 公司代理将一批服装自广州乌冲运至莫桑比克贝拉港。×××公司向 WH 公司发出的托运单载明:托运人为×××公司,收货人和通知人均为"凭指示",装货港为广州,卸货港为莫桑比克贝拉港。WH 公司接受×××公司委托后,向地中海公司订舱,安排涉案货物运输。

后×××公司向 WH 公司发送了涉案提单上的托运人 A 公司致地中海公司的电放申请书。涉案正本提单背面加盖 A 公司印章后,已被交还地中海公司。

WH 公司向×××公司收取海运费、码头操作费、提单费等。

涉案集装箱货物被运抵贝拉港。因无人提货,截止2013年11月22日产生集装箱超期使用费7,470美元。

WH公司向地中海公司的代理人地中海航运(香港)有限公司(以下简称地中海香港公司)支付涉案集装箱超期使用费7,470美元。

2012年9月18日,×××公司向WH公司出具一份保函表示:对×××公司委托WH公司订舱托运的所有货物保证如实申报,承担因货物不当描述、货差、弃货或无人提货等给WH公司造成的一切损失或其他责任;保证期限从主债务履行期限届满之日起两年,适用中国法律并依中国法律解释,与保函有关的当事人有权向中国法院提起诉讼。

2013年6月1日,WH公司向地中海公司出具一份保函表示:对WH公司通过地中海公司所属、租用或安排的船舶运输货物,保证如实正确申报并承担因货物不当描述、弃货等给地中海公司及其雇员或代理人造成的一切经济损失或责任,并保证愿意与提单上的托运人承担连带责任,且不以地中海公司先诉托运人或相关方为条件;该保函有效期自2013年6月1日至2014年5月31日。

一审法院认为:

WH公司接受×××公司委托代其办理涉案货物运输事宜,双方成立货运代理合同,该合同合法有效,双方均应依约履行。涉案货运代理合同为概括委托合同,并未约定WH公司不能代×××公司垫付涉案海上运输相关费用。涉案货物被运抵目的港后长期无人提取,导致涉案集装箱在目的港被超期使用,地中海公司作为提供该集装箱的承运人,因集装箱被超期占有而遭受损失,故其可请求向其订舱并出具保函的 WH 公司赔偿。《合同法》第 398 条规定:"委托人应当预付处理委托事务的费用。受托人为处理委托事务垫付的必要费用,委托人应当偿还该费用及其利息。"WH 公司在处理×××公司委托的运输事务中垫付必要、合理的费用后,有权要求×××公司偿付。根据 WH 公司与×××公司之间的保函,WH 公司要求×××公司偿付其垫付的涉案集装箱超期使用费符合双方约定。

涉案集装箱超期使用费的收取主体是地中海公司,因该公司未在其网站上公布 40 英尺集装箱在莫桑比克的超期使用费标准,故可参照有关市场主体采用的 40 英尺集装箱在莫桑比克的超期使用费计算标准确定涉案集装箱超期使用费。地中海公司向 WH 公司索赔时确定的集装箱超期使用费标准与达飞集团、三井株式会社公布的计算标准相比较为合理,可以采用。×××公司关于应以每天 32 美元计算超期使用费的主张缺乏事实依据。根据《合同法》第 119 条关于当事人一方违约后对方应当采取适当措施防止损失扩大之规定,地中海公司在明知目的港无人提取货物、集装箱被长期占用的情况下,可以通过重置同类型新集装箱的方式来维持正常营运,防止因集装箱被超期使用而扩大损失。WH 公司作为×××公司的代理人,在向地中海公司垫付集装箱超期使用费时,也负有审查地中海公司所主张的费用与其遭受的合理损失是否相当的义务。综合考虑承运人的减损义务、×××公司在订立合同时可能遇见到的最大损失等因素,酌定地中海公司因涉案集装箱被超期使用而遭受的合理损失以重置同类型新集装箱的价格人民币 3 万元为限。

　　一审判决×××公司向 WH 公司偿付集装箱超期使用费人民币 3 万元。二审判决撤销广州海事法院(2014)广海法初字第 374 号民事判决,驳回 WH 公司对×××公司的诉讼请求。

　　WH 公司不服二审判决,向最高人民法院申请再审。最高法院判决撤销广东省高级人民法院(2015)粤高法民四终字第 77 号民事判决;维持广州海事法院(2014)广海法初字第 374 号民事判决。

　　此案中,原被告称自己为货运代理人,作为托运人的代理人,其行为后果应当由委托人承担。目的港无人提货产生的费用本应与其无关。但由于两家公司均出具了保函,称对所有货物保证如实申报,承担因货物不当描述、货差、弃货或无人提货等造成的一切损失或其他责任,因此责任难逃。原告出于与承运人的长期合作关系,不得不主动按照承运人的要求承担了全部集装箱超期使用费,被告为了排载货物,未对保函所隐含的风险有充分认识,因此最终被判令对目的港无人提货产生的集装箱超期使用费承担责任。

　　在另一个同类案件中,同一原告因目的港无人提货对福建某货代企业提起诉讼,要求偿付目的港集装箱超期使用费。该货代企业在此前的交涉过程中始终不知道自己公司也出具过类似的保函,以至于在处理阶段没有积极应对,导致损失进一步扩大。直到收到原告起诉状及证据后,方进行内部排查是否出具过保函。当然,如果货主是正规有实力的企业,货代公司可以在做出赔偿后向货主进行追偿。但不幸的是,涉案的货主是香港注册公司在广州的办事处,采取买单出口方式,最终货代公司只好自己为此埋单。

类似保函还涉及货运的多个方面,如货物不超重保函、货物不具危险性质保函、变更托运人、货物品名保函、分并单保函等。货代企业应当引起高度重视,正确评估风险并获得货主充分反担保后方可为其出具保函。

四、接受并使用经盖章的空白函

在实务中,货代企业由于种种原因,通常需要对外出具保函。有时候出具保函是出于开展业务的需要,如在货代使用套单的情况下,需要对发货人、收货人、通知方等信息等进行修改。也有的情况可能是出于无奈,处于强势地位的船东总是想方设法降低自己的风险,因此可能会要求货代企业出具保函以转嫁风险,如前文的案例。谨慎的货代企业对外出具保函时,往往要求被担保人提供对应保函,以保障自己的合法权益。

为了便利,避免经常性寄送保函影响操作时效并节省快递费用,通常货主会向长期合作的合作货代企业提供一些盖有公司印章的空白函。但应当注意的是,货主提供空白保函时常常会做出限制性批注,如在某个位置注明仅供报关或仅供×××之用。有些货代企业在超出货主限定的使用范围以外使用保函时,为贪图便利,采取裁剪方式;有的货代企业甚至还用货主提供的空白保函伪造以货主名义出具给货代企业自己的保函、确认书等。事后货主可能会提出质疑,如果诉诸法律,有的还会提出进行司法鉴定,对文书中印章和文字形成时间进行判断。从技术上说,这种鉴定并不困难,可以很容易分辨印泥和打印机油墨哪个在上,从而判断先后顺序。但是客观情况往往比较复杂,即使鉴定结论显示印章在先文字在后,有时候也不能因此简单地确定保函的真实性,可能还需要综合各种情况,如交易习惯、债权债务关系等予以认定。因此,货代企业如果在货主对出具保函没有异议的当时,应避免采取空白套打方式,而是直接请货主打印盖章后提供,也可以打印好保函后扫描发给货主进行确认,这样就可以大大减低将来发生纠纷的概率。

五、任意扣单、扣货的风险

在实务中,货代公司经常为货主垫付运费、港杂费等。即使面对没有月结的客户,如果客户拖延付款,许多船公司也规定货代公司必须在某个期限内先支付运费,否则将不接受该货代的后续订舱。在有些口岸,处于强势的班轮公司还会要求货代公司在班轮公司的代理公司账户留存一定数额的押金,一旦货代公司逾期缴纳运费,则从中予以划拨。因此,无论货代公司是否与货主定有月结协议,垫付运费在实务中均不可避免。为了确保垫款能及时收回,货代公司通常采取扣押货主提单等有效单据的做法来保护自己。但由于货主并非每次都委托货代公司代为办理报关,加上海关无纸化通关的推行,货代公司持有货主有效单据的种类越来越少,现阶段提单成为仅存仍然可由货代公司控制的单据。但是,根据《最高人民法院关于审理海上货运代理纠纷案件若干问题的规定》第7条的规定:"海上货运代理合同约定货运代理企业交付处理海上货运代理事务取得的单证以委托人支付相关费用为条件,货运代理企业以委托人未支付相关费用为由拒绝交付单证的,人民法院应予支持。合同未约定或约定不明确,货运代理企业以委托人未支付相关费用为由拒绝交付单证的,人民法院应予支持,但提单、海运单或者其他运输单证除外。"由此可见,货代公司并非可以随意扣押正本提单,必须事先有合同明确约定,将提单列入货主欠款时可扣押的单证范围内。因此,货代公司最好能与委托人订立书面合同,约定在委托人逾期支付欠款时,货代公司可以拒绝交付包括提单在内的所有单证。如果遇到零星委托客户没有条件订立书面合同时,建议通过邮件等方式与委托人进行确认。

◉ 案例　请求人福建省某进出口公司与被请求人厦门 B 有限公司海事强制令［(2012)厦海法强字第 41 号］

2012 年 11 月 1 日,请求人福建省某进出口贸易有限公司同案外人上海某国际物流有限公司广州分公司(下称"物流公司")签订《国际货运代理合同》,委托物流公司办理国际货物运输事宜。2012 年 11 月 23 日,请求人委托物流公司将一批价值 25 万元的服装发往美国纽约。物流公司接受委托后,转委托给被请求人厦门 B 公司代办相关手续。该批服装于 2012 年 11 月 25 日装船离港,托运人为请求人。请求人同海外收货方约定,请求人应于 2012 年 12 月 17 日前将提单寄出给收货方,否则要承担违约责任。但请求人向物流公司要求交付提单时,被告知提单被请求人扣押。被请求人于 2012 年 12 月 6 日向物流公司发出《海运费用催缴通知》,要求支付代理费用 1,443 元。请求人于 2012 年 12 月 16 日向被请求人支付了 1,443 元,并要求交付提单。由于物流公司先前拖欠被请求人其他若干笔提单代理费用合计 20,000 美元,被请求人仍扣押涉案提单,拒绝交付给请求人。请求人以被请求人擅自扣押其所有的提单号为 COSU6077382080 的提单为由,于 2012 年 12 月 17 日向厦门海事法院提出海事强制令申请,要求责令被请求人立即向请求人返还该提单。

审判：

厦门海事法院于 2012 年 12 月 17 日立案受理海事强制令申请,并于当日做出(2012)厦海法强字第 4 号民事裁定书及海事强制令,责令被请求人厦门 B 有限公司立即向请求人交付提单。被请求人在收到海事强制令后向法院交付了涉案提单。

但被请求人不服该裁定,于 2012 年 12 月 20 日向法院申请复议,请求退回所取的提单或协助支付由提单作抵押物所指向的物流公司欠款 20,000 美元。理由是：(1)被请求人同请求人无发生任何直接关系。涉案提单为其与物流公司的直接业务关系。该提单的持有人为物流公司,而不是请求人。(2)被请求人同物流公司存在扣押提单的约定。双方于 2012 年 1 月 10 日签订《运费结算协议》,协议约定"若甲公司未在协议规定的日期内确认运费催缴通知书;或者有拖欠、拒缴运费的,乙公司有权留置甲公司委托乙公司所办理之任何业务的相关单证和货物,由此所引起的一切损失和责任一律由甲公司承担"。被请求人扣押提单的行为完全符合协议的约定,并且符合最高人民法院《关于审理海上货运代理纠纷案件若干问题的规定》第 7 条第 1 款的规定。(3)请求人作为实际托运人,应当通过契约托运人物流公司向被请求人索取提单,而不应直接向其索要,因此在申请程序上存在问题。四、若请求人主张提单款项已支付,以此为由要求拿回提单的理由是充分的,那么是否可以由被请求人直接向请求人要求支付物流公司拖欠的 20,000 美元代理费。

厦门海事法院经审理认为,《中华人民共和国海事诉讼特别程序法》第 51 条规定："海事强制令是指海事法院根据海事请求人的申请,为使其合法权益免受侵害,责令被请求人作为或者不作为的强制措施。"请求人的海事强制令申请符合法律规定。被请求人与请求人的纠纷可向法院提起诉讼或申请仲裁解决。若法院裁决请求人申请海事强制令是错误的,就应当赔偿被请求人因此所遭受的损失。因此,驳回被请求人厦门 B 有限公司的复议申请。

提示:虽然最高人民法院《关于审理海上货运代理纠纷案件若干问题的规定》的出台为货代公司扣押提单提供了法律依据,但在货主未与第一家货代公司约定转委托的情况下,接受转委托的第二家货代公司不能以其与第一家货代公司存在扣押提单的约定为由扣押货主的提单。

六、未严格按照委托人指示的风险

货代企业作为货运代理人,应当严格按照委托人的要求行事,根据《合同法》第 401 条,受托人应当按照委托人的要求,报告委托事务的处理情况。委托合同终止时,受托人应当报告委托事务的结果。因此,在货代业务中,如果委托人对承运人、班期、挂港顺序等有明确要求,货代公司应当严格按照委托人的要求安排,如不能严格按照要求执行,应当征求委托人的意见,协商是否另行安排。如有的客户信用证要求运输使用的船舶必须是公会船,船龄不能超过 15 年,船舶航行过程没有挂靠某个国家港口等,这些在安排订舱时候一定要予以注意。

◉ 案例 山西×××国际贸易公司诉福州×××船舶代理有限公司、福州×××报关有限公司、福建×××发电有限公司海上财产损害责任纠纷案［（2016）闽76民初925号］

进出口公司Z代理贸易公司H从印尼进口一批煤炭，卸货港为福建N电厂码头。Z与H和货代公司W共同签订了货运代理协议，Z、H委托W办理进出口货物代理事宜，包括安排装卸、进口报关等业务。合同约定H向W支付代理费，其余委托人的权利均由Z享有。货物报关后，货代W根据贸易公司H的电话通知将提货单直接寄给N电厂码头经营部而由H公司将货提走。后由于贸易公司H未按照进口代理协议向进出口公司Z支付货款，Z于是起诉货代W，称货代W侵害了其提货权，要求与N电厂码头承担连带责任。

此案在本书截稿时尚未审结。即使货代W最后胜诉，也因账户被长期冻结、巨额的诉讼开支、客户流失等原因而遭受重大损失。

七、货代业务过程的转委托

与传统代理业务相比，国际货代业务具有一定特殊性。通常委托人选择代理人首先是基于对代理人能力、专门知识、信誉等的信任，双方业务关系的建立一方面体现了货主对于货代的信任，反过来也表明代理人了解委托人的需求，愿意并有能力为其办理委托事务。因此，委托合同强调当事人的人身属性，要求受托人应当亲自处理代理事务，受托人不得擅自将代理事务转托他人处理。例如当事人委托律师代理诉讼案件，一般是基于对该律师的专业水平、能力等的信任，代理律师未经委托人同意，不能转委托其他律师代理。但在国际货运代理实务中，鉴于业务涉及面广、专业性强，因此货主不可能将货代业务中的每一项业务逐一进行委托，而是采取概括性委托一家货代代理，将全部进出口货物的货代事宜委托同一家货代办理。接受委托的货代公司则根据航线港口或服务内容的不同，可能转委托比自己更有优势的同行办理，其目的是为了使自己的综合服务更具有竞争力，同时也为节省委托人的人力、物力和财力，将其中专业性强的部分由该货代再转委托专业公司，如将报关、报检转委托专业报关行，运输转委托给专业的运输公司，以确保服务更优质。

实务中，虽然货主没有明确同意货代有权转委托，一般对货代的转委托行为是予以默认的，但一旦发生纠纷，常常会以没有转委托授权为由要求货代承担责任，因为毕竟法律对转委托有明确规定。如《合同法》第 400 条规定："受托人应当亲自处理委托事务。经委托人同意，受托人可以转委托。转委托经同意的，委托人可以就委托事务直接指示转委托的第三人，受托人仅就第三人的选任及其对第三人的指示承担责任。转委托未经同意的，受托人应当对转委托的第三人的行为承担责任，但在紧急情况下受托人为维护委托人的利益需要转委托的除外。"《最高人民法院关于审理海上货运代理纠纷案件若干问题的规定》第 5 条就合同是否约定转委托权限做了逐一规定，其中第 2 款规定："没有约定转委托权限，货运代理企业或第三人以委托人知道货运代理企业将海上货运代理事务转委托或部分转委托第三人处理而未表示反对为由，主张委托人同意转委托的，人民法院不予支持，但委托人的行为明确表明其接受转委托的除外。"

因此,为了避免货主在日后出现纠纷时,以货代企业无权转委托为由要求其承担责任,货代企业应当争取做到以下几点:

(1)协议明确约定可以进行转委托。

(2)如没有订立书面协议,而货代认为有必要进行转委托,应在事先用书面(邮件/短信等)方式与被代理人联系,询问其意见。

(3)确因情况紧急而来不及告诉被代理人的,代理人可先进行转委托,事后将转委托的情况及时告诉被代理人。通常没有发生纠纷之前,货主并不介意货代的转委托行为,因此,在转委托发生后纠纷发生前,货主一般不会对此予以反对,货代一定要及时获得货主的追认。

◉ 案例

上诉人(原审被告):浙江 A 国际货运代理有限公司宁波分公司

被上诉人(原审原告):宁波 B 进出口有限公司

被上诉人(原审第三人):C 国际货运代理(上海)有限公司

案件事实:

2009 年 8 月,B 公司与案外人××公司订立买卖合同,约定由 B 公司供应涤纶缝纫线。合同签订后,B 公司委托 A 公司代理出运买卖合同项下货物。A 公司接受委托后,按约办理了货物出口事宜并向 B 公司交付了抬头为 C CONTAINER SHIPPING CORP 的全套正本提单。提单记载:"托运人 B 公司,收货人××公司,代表 C CON-TAINER SHIPPING CORP.签发"。货到目的港后,因收货人一直未付货款,为避免时间延误导致货物被拍卖,B公司遂委托 A 公司在洛杉矶港进行清关、提货并暂时保管货物。2009 年 9 月 17 日,A 公司向 B 公司出具保证书称:"此票货物已于 8 月 22 日到达目的港 LA,因为收货人有所变动怕时间延误导致被拍卖,所以暂时需要将货物放在我司国外代理的仓库,现保证此票货物一定根据发货人书面的指令处理,否则此货物一定原封不动地放在我司国外代理仓库。"此外还向 B 公司出具收据一份。并在收据上说明下列情况:"截止到 9 月 14 日,箱子在堆场产生滞箱费 3,219 美元,且每天还在继续增加,预计每天 200 多美元,所以请先支付 4,000 美元押金,我们争取在本周办理完所有手续,将箱子先提出来,到时多退少补。关税,我们国外公司查出来是 17%,也请预付给我司,否则我司无法正常清关,也无法将箱子提出堆场……另外还有清关费、拖卡费、仓库倒箱费以及堆存费等杂费,这个可以事后结算。"随后,B 公司向 A 公司支付押金人民币 55,000 元并交付了全套正本提单。A 公司于同日取得 C 公司向其出具的保证书并将 55,000 元押金与提单均交给 C 公司,C公司于 2009 年 10 月 26 日向 A 公司出具情况说明称,在 2009 年 9 月 17 日已经收回 HBL 并已销毁。2009 年 10月,B 公司发现涉案货物已被收货人提走,经向 A 公司联系获得证实。因仅收到货款 20,000 美元,B 公司遂诉至原审法院,请求判令 A 公司赔偿因未尽委托代理合同义务造成的货款余额损失 40,880 美元(折合人民币278,556.32 元)及押金人民币 55,000 元。

一审法院审理认为:

关于 A 公司与 B 公司、C 公司的具体法律关系,一审院认为,本案系 B 公司的货物运输到目的港后因原定收货人有变,为避免货物长期滞港导致被拍卖,需在目的港对货物进行包括提货、保管等过程中发生的货运代理合同纠纷。A 公司与 B 公司之间的货运代理合同虽因货物顺利出运与费用的清结而结束,但货到目的港后,因原定收货人有变,双方就货物在目的港的清关、提取、保管等事宜又形成了新的货运代理合同关系,该合同关系因 A 公司向 B 公司出具保证书、收取 B 公司支付的处理货物的押金人民币 55,000 元并接受 B 公司交付的涉案全套正本提单而成立。合同的具体内容包括从承运人处提取货物、清关、拖卡、货到目的港至实际提取期间产生的滞箱费的支付以及之后对货物进行保管并保证根据 B 公司的书面指令处理货物,具体的费用则约定先支付滞箱费的押金,其余如清关、拖卡、倒箱、堆存等费用事后结算。履行合同过程中,B 公司不仅向 A 公司交付了全套正本提单,还按约向 A 公司支付了押金人民币 55,000 元,A 公司虽抗辩其已转委托 C 公司,但得不到 B 公司与 C 公司的认同,相反,其直接从 B 公司处接受了提单与押金,还独立以自己的名义向 B 公司出具了保证书。根据合同相对性原理,在 B 公司及 C 公司对此均不认可,C 公司也单独向 A 公司出具了保证书的情况下,A 公司关于事后已将提单与押金均交付给 C 公司具体办理,以及向 B 公司出具与 C 公司出具给其内容一致的保证书等抗辩均不能影响 A 公司与 B 公司之间依法成立的货运代理合同关系。至于 A 公司与 C 公司之间的具体法律关系与责任承担,可另择合法途径解决。

关于 A 公司与 C 公司之间的关系,根据各方均无异议的涉案编号为 UMSCNDNDN15437 提单复印件记载,货物托运人为 A 公司,提单抬头为"C CONTAINER SHIPPING CORP."。庭审中,C 公司陈述其英文名称也是 C CONTAINER SHIPPING CORP,但提单上的承运人"C CONTAINER SHIPPING CORP."是一家美国公司,其系代表该美国公司签发提单,并非本案无船承运人。经原审法院要求,C 公司未能提供代理签发提单的相关授权,也未能提供美国 C CONTAINER SHIPPING CORP.公司在中国经营无船承运业务的许可证,根据上述情况,结合 B 公司提供的证据三的"情况说明"中 C 公司关于"我司在 2009 年 9 月 17 日已经收回(提单编号 UMSCNDNDN15437)HBL 并已销毁"的说明,该院认为,C 公司实为涉案货物的无船承运人。

综上,A 公司与 B 公司之间就货物在美国洛杉矶港的清关、提取、保管等事项达成的货运代理合同系双方真实意思表示,双方均应依法履行。A 公司取得了 B 公司交付的全套正本提单,已经具备了在目的港向承运人提取货物并进一步进行保管的条件,即便确非其本人原因致货物难以从承运人处提取,A 公司也应当恪尽职守,及时向 B 公司汇报履行情况,并将全套提单返还 B 公司以便其向相关方主张提单权利。但 A 公司在取得提单并向 B 公司保证一定根据其书面指令处理货物后,却在未获 B 公司同意的情况下擅自转委托,以致既未能取得货物,也未能将提单及时返还 B 公司,履行合同过错明显,应承担赔偿货物并退还费用的相应违约责任。判决 A 公司败诉。

上诉人 A 公司不服上述民事判决,向浙江省高院提出上诉。二审法院认为:

A 公司未经 B 公司同意,擅自转委托第三人 C 公司,其应对 C 公司的行为承担责任。A 公司在已取得 B 公司交付的全套正本提单,并向 B 公司出具保证书保证将涉案货物存放在其国外代理仓库中直至 B 公司书面指令处理的情况下,未能妥善保管涉案货物,以致涉案货物被收货人提走,已构成违约,应承担赔偿货损并退还押金的相应违约责任。判决驳回上诉,维持原判。

👁 **案例** **温州 B 外贸有限公司与 A 货柜有限公司、C 温州公司等海上通海水域货物运输合同纠纷案**[(2016)**浙民终** 215 号]

上诉人(一审被告):A 货柜有限公司(A CONTAINER LINE LIMITED)

被上诉人(一审原告):温州 B 对外贸易有限公司

一审被告:C 温州分公司

一审被告:C 有限公司

上诉人 A 货柜有限公司不服宁波海事法院(2015)甬海法商初字第 340 号民事判决,向浙江省高院提起上诉。

B 公司起诉称:2012 年 6 月 16 日,B 公司与美国 999 公司签订一份买卖合同,向其出售总金额 482,112 美元的针织紧身裤,并约定 999 公司通过信用证方式付款。同年 7 月 12 日,B 公司收到信用证,该信用证规定 B 公司除提交三份商业发票、三份装箱清单、两套正本提单外,还要求 B 公司将另一套正本提单在货物装船后 7 日内寄给 999 公司。

后 B 公司委托 C 温州分公司办理货物的报关、出口事宜。同年 11 月 5 日,A 货柜公司作为无船承运人向 B 公司签发了三套正本指示提单,载明 B 公司为托运人、收货人凭 CIBC 银行指示等,该三套正本提单经 C 温州分公司转交给 B 公司。后经了解,该批货物对应的海运提单编号为 NGBLAX099090。

货物出运后,B 公司将其中一套正本提单寄往 999 公司,另两套正本提单连同其他单据委托中国银行温州市分行寄往开证行,然而开证行收到单据后,既未付款也未退回单据。经查,该批货物于 2012 年 11 月 17 日到达美国洛杉矶港,相关集装箱已开始流转。2013 年 2 月,B 公司通过 C 温州分公司了解到,999 公司凭没有 CIBC 银行背书的正本指示提单从 A 货柜公司处提走了涉案货物。B 公司至今未收到涉案货款,遂诉至一审法院,请求判令 A 货柜公司赔偿 B 公司货物损失等,要求 C 温州分公司、C 公司承担相应赔偿责任。

C 温州分公司、C 公司在一审期间共同答辩称:(1)B 公司在本案中无诉权。(2)C 温州分公司和 C 公司与 B 公司系货运代理合同关系,B 公司与承运人系运输合同关系,B 公司在本案中同时起诉 C 温州分公司、C 公司与承运人不妥。(3)C 温州分公司在履行代理事务中无过错。

法院查明,A 货柜公司的许可经营项目为从事进出我国港口货物运输的无船承运业务、一般经营项目为国际货物运输代理及运输咨询业务;A 货柜公司未在我国交通主管部门办理提单登记;A 货柜公司签发的涉案提单格式与其关联企业 D 公司在我国交通主管部门登记的无船承运人提单格式一致。

故本案承运人应认定为 A 货柜公司,实际承运人为中海浙江公司。

根据《海商法》第 79 条第 2 项的规定,指示提单应经过记名背书或者空白背书转让。A 货柜公司作为承运人向作为托运人的 B 公司签发了涉案指示提单,B 公司已初步证明涉案货物在目的港被收货人凭无指示人背书的正本提单提走,A 货柜公司、C 温州分公司、C 公司未能举证推翻,而 A 货柜公司向收货人交付货物的行为发生在其责任期间内,系未能正确履行运输义务行为。B 公司虽不持有涉案正本提单,但如 A 货柜公司依法凭指示人背书提单交付货物,B 公司收取涉案货款的权利亦能得到充分保障。B 公司请求 A 货柜公司赔偿货物损失的主张,于法有据,予以支持。

《合同法》第 400 条规定:"受托人应当亲自处理委托事务。经委托人同意,受托人可以转委托。转委托经同意的,委托人可以就委托事务直接指示转委托的第三人,受托人仅就第三人的选任及其对第三人的指示承担责任。转委托未经同意的,受托人应当对转委托的第三人的行为承担责任,但在紧急情况下受托人为维护委托人的利益需要转委托的除外。"B 公司与 C 温州分公司间关于"B 公司委托 C 温州分公司代为办理订舱、报关、报验、制单、装箱、交运、代办保险、代垫代付运费等与海运、空运有关的进出口货物运输事宜。并委托 C 温州分公司根据实际情况,办理转委托货物代理运输事宜"的约定,应理解为 B 公司已同意 C 温州分公司转委托涉案货物出运事宜。A 货柜公司可从事无船承运、国际货物运输代理及运输咨询业务,B 公司亦未能证明自己反对 C 温州分公司指示 A 货柜公司向中海公司订舱,故 C 温州分公司就选任 A 货柜公司及其对该公司的指示无明显过错,不应对 B 公司遭受的损失承担赔偿责任。C公司系C温州分公司的总公司,自然也无须对B公司遭受的损失承担赔偿责任。

综上,法院判决A货柜公司赔偿B公司货物损失,驳回B公司对C温州分公司、C公司的诉讼请求。

A货柜公司提起上诉,二审驳回上诉,维持原判。

八、未正确引导货主维权

货代企业作为货主的代理人,在货主出现纠纷时正确引导货主维权不仅有利于提升自身的服务水平,建立与客户的长期稳定关系,还有助于规避自己的责任。货主如果能够得到货代企业的正确引导,通过正当有效的途径索回或减少损失,则不会与货代企业发生纠纷,否则,货主可能找各种理由与借口拒付货代代垫费用,甚至以货代为被告提起诉讼。

如发生目的港无单放货的情况,货代应当正确引导货主在时效届满前及时向正确的承运人提起诉讼。大多数货主无法正确区分货运代理人和承运人,加上货代公司在与货主的业务交往过程中也存在混业经营的情形,因此,在发生纠纷时常常认定是将货物交给货代,故认定货代就是运输公司。此时货代公司有必要及时向货主进行解释,加以引导。尤其是对《海商法》的特殊制度加以解释:如免责事由、共同海损、特殊时效等制度。根据《海商法》第257条第1款,海上货物运输向承运人要求赔偿的诉讼请求,时效期间为一年,自承运人交付或者应当交付货物之日起。这与《中华人民共和国民法通则》以及《中华人民共和国民法总则》(以下简称《民法总则》)规定的时效不同。如果货主一旦超过《海商法》规定的诉讼时效未对正确的承运人提起诉讼,就难以再向承运人索赔。将来为了索回损失,很可能根据《民法总则》规定的较长时效起诉货代公司,将其视为缔约承运人,或寻找货代的过错要求承担责任。货代公司即使最后能胜诉,也常常会被卷入旷日持久的诉讼中,最后不仅失去客户,还要承受不必要的诉讼开支和其他支出。

九、未及时报告工作进展

《合同法》第401条规定:"受托人应当按照委托人的要求,报告委托事务的处理情况。委托合同终止时,受托人应当报告委托事务的结果。"所以,货代作为货主的代理人,应当及时将工作进展告知货主。尤其是重要节点可能关系到货主国际贸易合同的履行,如货物装船后要及时将船舶、航次等信息告知货主,货主需根据这些信息及时投保,即便是在以FOB条款成交的情况下,卖方也有义务通知买方以便买方及时投保,而这些装运信息均源自货代。在特殊情况下,可能会涉及运输线路的变化,乃至运输费用的增加,如因船东或码头操作原因而导致甩柜,需更改班期和装运日期,报关过程出现海关特殊查验,集装箱出现安全事故需要更换等,这些都可能需要货主做出新的装运选择。货代如果没有及时告知并获得委托人的指示,很容易发生纠纷。

◉ **案例 武汉A物流有限公司与武汉B国际货运有限公司海上通海水域货运代理合同纠纷案[(2015)武汉法商字第00581号]**

原告:武汉A物流有限责任公司

被告:武汉B国际货运有限公司

原告A公司诉称:原告A公司与被告B公司于2012

年 7 月 24 日至 12 月 10 日期间签订了十四份内贸货物托运委托书,委托被告 B 公司将 1,064 吨二类元明粉运输至江苏太仓沙溪镇交付无锡市 C 化工产品有限公司(以下简称 C 化工)。至起诉时,收货人仅收到 756 吨货物,尚有 308 吨未收到,未收到货物的价值为人民币(以下若未特别注明,均为人民币)144,760 元。因此,原告 A 公司诉至本院,请求判令被告 B 公司赔偿货物损失 144,760 元。

被告 B 公司辩称:原告 A 公司与被告 B 公司之间系货物运输代理合同关系,而非水路货物运输合同关系,原告 A 公司依据水路货物运输合同关系主张其承担货物短少没有事实和法律依据。涉案货物到达太仓港后,被告 B 公司已通知收货人卢×提货,已完成合同约定的义务,不应承担赔偿货损的责任,并且本案运输业务发生在 2012 年年底,原告 A 公司于 2015 年 4 月才提起诉讼,已超过诉讼时效。故请求驳回原告 A 公司的诉讼请求。

法院经审理查明:

2012 年,原告 A 公司接受 D 公司的委托,承运一批元明粉自武汉杨泗港至苏州市 C 化工,收货人为卢×。同年 7 月 24 日至 12 月 10 日,原告 A 公司与被告 B 公司签订了十四份内贸货物托运委托书,约定由被告 B 公司作为原告 A 公司的代理人,代理运输 38 个集装箱的元明粉自武汉杨泗港至苏州市沙溪镇,每个集装箱重 28 吨,共计 1,064吨;收货人为太仓港沙溪镇卢×;14 份委托书中,11 份约定运输条款为 CY-DR(港到门),三份为 CY-CY(港到港)。之后,被告 B 公司作为代理人,委托上海泛亚航运有限公司承运上述货物自武汉杨泗港至苏州市太仓港,上海泛亚航运有限公司出具了 14 份运单,均载明:托

运人为原告 A 公司,收货人与通知方均为 B 太仓分公司;
每个集装箱重 27 吨;装货港为武汉,卸货港为太仓;运输
条款为 FCL/FCL、CY—CY(港口堆场到港口堆场)。货
物到达太仓港后,B 太仓分公司通知收货人卢×收货,卢
×于 2013 年 1 月 22 日向 B 太仓分公司发出传真,确认 B
太仓分公司及车队已通知其收货,但其公司收货能力有
限,无法大量收货,公司会尽快安排收货。

2013 年 10 月 8 日,C 向原告 A 公司发出情况说明,
告知其尚有 308 吨元明粉未收到。2014 年 5 月,发货人 D
与原告 A 公司对账后做出说明,表示因 C 尚有 308 吨元
明粉未收到,货款不能结算,为了维护其自身利益,扣除原
告 A 公司运费 144,760 元(元明粉单价每吨 470 元,共
308 吨),并提供了开具给 C 的发票用以证明元明粉价格。
发票载明,元明粉二类,数量 336 吨,金额 134,974.36 元,
税额22,945.64元。

另查明:被告 B 公司接受原告 A 公司委托后至原告
A 公司起诉之时,原告 A 公司除取得了上海泛亚航运有
限公司的水路运单外,未收到其他运输过程中的单据及被
告 B 公司的任何通知。原告 A 公司已向被告 B 公司支付
过代理费。

对于被告 B 公司是否承担赔偿责任的问题,法院认为:

本案系通海水域货运代理合同纠纷。原告 A 公司与
被告 B 公司签订的 14 份内贸货物托运委托书依法成立,
合法有效,双方均应按照合同约定和法律规定行使民事权
利,履行民事义务。被告 B 公司作为原告 A 公司的货运
代理人,应当妥善履行代理义务,将货物交付内贸货物托
运委托书约定的收货人。《最高人民法院关于民事诉讼证

据的若干规定》第 5 条规定,对合同是否履行发生争议的,由负有履行义务的当事人承担举证责任。被告 B 公司有义务举证证明其已履行合同义务,但其未能证明将货物全部交付收货人,现原告 A 公司主张收货人未收到全部货物,应认定被告 B 公司未完全履行合同义务,已构成违约。

《中华人民共和国合同法》第 401 条规定,受托人应当按照委托人的要求,报告委托事务的处理情况。委托合同终止时,受托人应当报告委托事务的结果。结合国内运输的行业习惯,被告 B 公司应尽到的报告义务包括告知原告 A 公司货物在每个区段的交接情况、交接时间,货物交付收货人的时间,以及将各个区段的货物交接凭证交付原告 A 公司,以告知其完成了委托事务。被告 B 公司仅向原告 A 公司提供了武汉至太仓的水路运单,而未告知后续实际承运人的情况,也未提供与水路运单收货人 B 太仓分公司的交接凭证。对于货物在到达太仓后如何流转,原告 A 公司完全不知晓。本案 14 份内贸货物托运委托书均约定了目的港拖车费,11 份约定了运输条款为港到门,被告 B 公司提交的证据——收货人卢×的传真中也提到 B 太仓分公司及车队催其收货,那么在本案运输过程中必然涉及货物自太仓港至收货人公司的陆路运输。而被告 B 公司未提供陆路的运输单证,也未告知原告 A 公司陆路运输的实际承运人,以及货物是否全部交付收货人。据此,本院认为被告 B 公司未充分履行代理人应尽的代理义务。

《中华人民共和国合同法》第 406 条第 1 款规定,有偿的委托合同,因受托人的过错给委托人造成损失的,委托人可以要求赔偿损失。原告 A 公司已支付过代理费,被告 B 公司作为有偿委托合同的受托人,没有提供充分证据证明履行了代理人应尽的代理义务,直接导致原告 A 公司无法证明其向收货人已交付货物,收货人就此向其索赔。而且由于被告 B 公司未提供运输过程的相关单证,导致原告 A 无法确认运输过程中的责任人,亦无法向实际承运人追偿,故原告 A 公司有权要求被告 B 公司赔偿其损失。

最后法院判决被告向原告赔偿货款损失。

随着国家经济的持续发展,近年来国内贸易蓬勃发展,从而带动了国内贸易物流业务的急剧增长。但国内运输由于没有通关的限制,加上船公司一般与货主签订了门到门(Door to Door)的服务,导致了契约承运人事实上承担了货物全程运输的各个环节,再外包给各个区段的实际承运人。这时候,作为代理(受托人)就有责任和义务向委托人告知货物在每个区段的交接情况、交接时间,货物交付收货人的时间,以及将各个区段的货物交接凭证交付给委托人,以告知其完成了委托事务。以上案例就是一个非常典型的国内贸易运输纠纷案件,值得从事内贸物流的同行认真研究学习,避免发生类似的纠纷。

第 5 节　FOB 贸易条款项下向谁交付提单

实务中,货代企业常常没有和委托人签订正式书面协议,如何确定正确委托人因此可能成为一个棘手的问题。尤其是在境外客户指定操作货代的情况下,国内货代接受了境外收货人及其货代的指令,与国内出口商取得联系,安排订舱,有时还包括报关、报检、拖车等其他业务。此时,国内货代在获得委托代理的成果(主要是提单)后,应当交给谁呢?

众所周知,FOB 是国际贸易基本术语之一,是 Free on Board 的缩写。根据 Incoterms 2010(即《国际贸易术语解释通则》),FOB 项下,买方必须自付费用订立从指定装运港的货物运输合同。FOB 指定货物项下一旦出现贸易或因贸易引发的货运纠纷,国内卖方出于便利考虑,通常首先希望通过追究国内货代的责任以挽回损失,而避免通过跨国诉讼向买方主张权利,由此导致国内货代常常被卷入大量的国际贸易合同和海上货物运输合同纠纷案件中。

在此类业务中,国内货代可能作为境外无船承运人的代理人,也可能作为国内卖方的货运代理人或无船承运人,有时可能集多种身份于一身。

国内货代作为国内卖方的货运代理人时,国内货代与国内卖方的关系是委托合同关系,应当根据前述《合同法》第 404 条(受托人处理委托事务取得的财产,应当转交给委托人)将提单交给国内卖方,此种情况发生纠纷的概率相对较低。

若买卖合同以 FOB 条款成交时,如果卖方将货物交给货代后,货代却不签发提单或类似运输单证给卖方,将会导致卖方信用证无法结汇,或无法履行向买方交付运输单据的义务。鉴于我国《海商法》第 42 条第 3 款有关"托运人"的概念包括:(1)本人或者委托他人以本人名义或者委托他人为本人与承运人订立海上货物运输合同的人(缔约托运人),FOB 条款下一般认为托运人是国外买方;(2)本人或者委托他人以本人名义或者委托他人为本人将货物交给与海上货物运输合同有关的承运人的人(交货托运人),托运人即指国内卖方。因此,作为与承运人订立合同的买方以及向承运人交付货物的卖方均可成为托运人。

另根据《海商法》第 72 条:"货物由承运人接收或者装船后,应托运人的要求,承运人应当签发提单。"在同时存在缔约托运人和交货托运人的情况下,货代究竟应当将提单交给缔约托运人还是交货托运人,理论界一直存在不同观点。直到《最高人民法院关于审理海上货运代理纠纷案件若干问题的规定》颁布,才从司法实践中加以统一。其中第 8 条规定:"货运代理企业接受契约托运人的委托办理订舱事务,同时接受实际托运人的委托向承运人交付货物,实际托运人请求货运代理企业交付其取得的提单、海运单或者其他运输单证的,人民法院应予支持。"这一条规定为货代企业的具体操作提供了司法指引。

◉ 案例　浙江 A 橡塑制品有限公司与 B 国际货运代理(上海)有限公司宁波分公司海上、通海水域货运代理合同纠纷案 [(2014)浙海法终字第 98 号]

上诉人(原审被告):B 国际货运代理(上海)有限公司宁波分公司

被上诉人(原审原告):浙江 A 橡塑制品有限公司

原审法院审理查明:A 公司与案外人 C 公司签订买卖合同,约定 A 公司向 C 公司出售橡胶输送带。报关单载明:发货单位 A 公司,起运港中国宁波,目的港厄瓜多尔瓜阿基尔。案外人上海联骏国际船舶代理有限公司宁波分公司代表承运人签发提单。货物出运后,B 公司未将提单交付给 A 公司,而是交付 C 公司。货物抵达目的港后已被收货人提走,A公司认为B公司未将提单交付给A公司导致其货款损失,遂请求判令B公司赔偿因其未交付提单造成A公司的损失及利息。

原审法院审理认为:A公司将涉案货物交付给B公司,委托B公司报关出口,并支付报关费等费用,双方形成海上货运代理合同关系,A公司系实际托运人,B公司系货运代理企业。根据《最高人民法院关于审理海上货运代理纠纷案件若干问题的规定》第8条的规定:"货运代理企业接受契约托运人的委托办理订舱事务,同时接受实际托运人的委托向承运人交付货物,实际托运人请求货运代理企业交付其取得的提单、海运单或者其他运输单证的,人民法院应予支持。"因此B公司应将其所取得的提单交付给A公司。现B公司未交付提单的行为违反法律规定,导致A公司失去对货物的控制,从而造成A公司未能收回货款,B公司具有过错,理应对A公司的损失承担赔偿责任,故A公司要求B公司赔偿货款损失的主张合法有理,予以支持。B公司关于其无需承担责任及A公司已收到涉案货款的抗辩并无证据佐证,不予采信。一审判决B公司赔偿A公司货款损失及利息。

B公司不服原审判决提起上诉。法院认为,B公司确认涉案货物系由A公司从工厂直接交付给B公司安排的车队,根据《最高人民法院关于审理海上货运代理纠纷案件若干问题的规定》第8条第3款"实际托运人是指本人或者委托他人以本人名义或者委托他人为本人将货物交给与海上货物运输合同有关的承运人的人"的规定,A公司应为涉案货物的实际托运人。该条第1款同时规定,"货运代理企业接受契约托运人的委托办理订舱事务,同时接受实际托运人的委托向承运人交付货物,实际托运人请求货运代理企业交付其取得的提单、海运单或者其他运输单证的,人民法院应予支持",故即使 B 公司确受 C 公司的委托代为订舱,其在拿到承运人签发的正本提单后也应将该提单交予涉案实际托运人 A 公司。B 公司主张之前的操作惯例均为直接寄单给 C 公司,故其于涉案货物出运后即将涉案提单寄给 C 公司而未交付给 A 公司。但事实表明,A 公司于 2012 年 6 月 3 日也即货物出运后 10 日向 B 公司明确要求"没我司通知提单不能给 C 公司",结合 A 公司二审提供的证据中 C 公司先付款再要求 A 公司释放单证的陈述可知,B 公司放单均须 A 公司认可。现 B 公司未征得 A 公司同意即擅自将涉案正本提单交付给 C 公司,其行为违反了前述法律规定,致使 A 公司因失去对涉案货物的控制而无法收回货款。根据《最高人民法院关于审理海上货运代理纠纷案件若干问题的规定》第 10 条的规定,B 公司应对 A 公司的货款损失承担赔偿责任。

综上,B 公司作为货运代理企业在接受实际托运人 A 公司交付的涉案货物后,未将其已取得的正本提单交予 A 公司,致使 A 公司至今未能收回部分货款,B 公司依法应对 A 公司的货款损失承担赔偿责任。B 公司关于其与 A 公司之间不成立海上货运代理合同关系及 A 公司从未要求交付提单、其货款损失系因贸易风险所致不应由 B 公司承担赔偿责任的上诉理由不能成立,法院不予支持。

二审法院驳回上诉,维持原判。

第6节 货代企业能否赚取运费差价

《合同法》第 398 条规定:"委托人应当预付处理委托事务的费用。受托人为处理委托事务垫付的必要费用,委托人应当偿还该费用及其利息。"据此,货代企业可以向委托人收取的费用有两部分:一是处理委托事务的劳务费用,即代理费;二是垫付的必要费用及其利息,如垫付的海运费、港杂费等。

然而在实务中,很少货代会事先与货主在货运代理合同中明确约定或逐笔约定代理费。即使与货主订立了货运代理合同,也往往只约定框架性条款,或者针对拖车费、报关费等约定收费标准,而对海运费则根据具体目的港采取逐笔报价确认的办法。货代往往在针对海运费报价时,利用海运费的不透明加收一定差价来作为利润。如果货代与船东有较好的关系,或直接、间接可以享受到船东的服务合约价或其他优惠价,则可能可以赚取相对较高的差价。但在运价比较透明的航线上可能就很难有差价存在,货代为了保住客户,在海运费上往往难有利润可言。

货代如果持有货主对欠款的确认文件,事后货主一旦欠款,货代可以根据货主的确认提起诉讼,通常这不存在太大困难。但如果货代没有获得货主对具体费用的确认,货代要向货主起诉则需要证明两个部分的内容:一是代理费为多少;二是具体垫付了多少合理的费用。实务中,大部分业务对代理费均无约定,目前又无行业标准可以参考适用,大部分案件中货代只好选择放弃。对于第二部分垫付的费用,则需要提供详细的垫付证据,对于货运代理这样交易数量多、金额小的业务,要完整举证,工作量是惊人的,档案管理稍有不慎,可能就会发生证据缺失,将来得不到法院的支持。

即使货代事先与货主确认具体包干费,也有货主随后提出反悔,认为货代不应当赚取差价。以下案例是 2010 年 9 月 11 日《人民法院报》刊登的厦门海事法院审结的一起货运代理纠纷案,可谓货代差价第一案。法院最后支持了货代收取一定差价的做法。

◉ 案例 原告某石业公司与被告厦门某货代公司货运代理合同费用返还纠纷案件[《人民法院》2010 年 9 月 11 日第三版]

原告石业公司委托被告货代公司为其办理出口货物的海上货运代理业务,其中,2007 年 1 月至 2008 年 6 月,被告共为原告办理了 176 票排载给马士基航运的业务,每票业务收取两笔费用,并分别开具国际货物运输代理业专用发票,发票上记载的收费内容分别为"代收海运费"和"代收港杂费"。后经原告核对,被告向其收取的"代收海运费"除两笔外,其余均高于被告实际支付给马士基航运的海运费,差额合计 21 万多美元。原告起诉要求被告返还多收的海运费差额 21 万多美元并支付相应利息,理由是原、被告之间是货运代理合同关系,被告作为货运代理人无权收取海运费或海运费差额。

被告认为,运费差额是被告在提供货运代理服务后向原告收取的唯一报酬,实质上是双方对报酬的一种约定方式,而不是运费的组成部分。另外,以运费差额作为货方向货代企业支付的报酬属于行业惯例;被告向原告收取的运费价格合理,运费差额与被告承担的义务、风险及市场行情相称;被告收取运费的行为不是严格意义上的"代收",原告对被告到底对外支付多少款项并不关心,而只关心被告向其收取的费用是否与市场行情相称或优惠。被告向原告收取的所有运费都是包干性质,不存在多退少补的情形。

厦门海事法院经审理查明,原、被告双方虽未签订书面合同,但被告接受原告委托,为其办理货运代理业务,双方成立货运代理合同关系。本案争议的焦点主要在于:被告是否有权获得其向原告收取的"代收海运费"与支付给马士基航运的海运费之间的差额,即该差额部分是被告多收的海运费还是被告有权收取的代理费。厦门海事法院经审理认为,被告有权取得"代收海运费"与付给马士基航运的海运费之间的差额,原告的诉讼请求没有事实和法律依据,遂依法驳回原告的诉讼请求。

一审宣判后,石业公司不服,向福建高院提起上诉。福建高院经审理认为,本案双方当事人事实上建立了长期的货运代理合同关系,并达成了运输费用总额包干的合意,货代公司收取海运费差额作为其报酬,该行为不违反法律、行政法规的强制性规定,应认定为有效。石业公司上诉认为货代公司收取海运费差额的行为没有合同和法律依据,与事实不符,法院对其上诉理由不予采纳。原审判决认定事实清楚、适用法律正确,遂依法驳回上诉,维持原判。

　　厦门海事法院法官告诉记者,实践中,很多货运代理企业从事的业务可能是传统的货运代理业务或无船承运业务。如果作为无船承运人(NVOCC),货代公司接受货主的货物,向货主签发提单,通过国际船舶运输经营者完成国际海上货物运输,向货主收取的海运费高于向国际船舶运输经营者支付的海运费,此情形不存在本案的争议。本案中,被告作为货运代理人,接受货主的委托从事货运代理业务,只能收取代理报酬。因此,本案的关键在于,被告收取海运费差额是否等同于收取代理费。

　　法官认为,原、被告双方达成了运输费用总额包干的合意,海运费差额是被告有权收取的代理费,被告收取海运费差额的行为符合双方的真实意思表示。第一,每票业务委托前,原告会先向被告询价,被告最终收取的费用与之相一致。若原告认为被告的报价仅应为马士基航运收取的海运费,正常情况下还会与被告就代理费进行协商,但双方在案涉 176 票业务中都没有就代理费问题进行单独协商。第二,原告在支付港杂费前已核对过被告提供的清单,对被告向其收取的港杂费的具体项目是清楚的,港杂费中并不存在货代公司的代理费,这其中显然不存在差价。第三,被告开具的发票上记载的收费名称虽为"代收海运费",但原告在双方一年半的 176 票业务中都未要求被告提供马士基航运的发票对账,说明原告清楚被告收取的费用不完全是代收代付,其并不关心被告对外支付了多少海运费,双方达成的合意是费用包干的方式。本案中有两票业务被告收取的海运费低于支付给马士基航运的海运费的事实可作为佐证。第四,原、被告双方没有明确约定报酬的支付方式和数额。被告向原告收取的"代收港杂费"已全部支出,海运费差额为被告获取报酬的唯一方式,原告对此实际上是明知的。另外,原告没有证据证明本案存在重大误解、显失公平或欺诈、胁迫的情形。因此,原告无权要求返还海运费差额。

法官说:目前货代行业的情形是货主很少以单独的代理费的形式向货代支付报酬,因此货代的代理费大多数以海运费差额体现,这种收取海运费差额的形式并没有违反法律、行政法规的强制性规定。类似本案货主向货代追讨海运费差额的情形极为少见,该案引起海运业界的广泛关注,被称为"货主向货代追索海运费差价第一案"。法院认可了这种运费包干,货代公司收取海运费差额的形式。但货运代理人有权收取海运费差额的前提是没有收取其他代理报酬,因此,为避免类似争议的发生,货代和货主的合作最好签订书面合同,对运费包干的形式做出明确规定。

因此,货代企业应当尽量事先与货主确认具体的海运费、代理费等,尤其是对于单笔金额较大的业务。如不能做到逐笔确认,也要争取做到阶段性确认,以降低风险。如果货主不予确认,可以采取邮件告知的方式,同时收集并保留对外付款的凭证以及对应关系的证据,这样即使将来不能索回全部欠款,也可以确保垫付的海运费等能够索回,减少损失。

第7节 货代企业订立书面合同的必要性

实务中,由于各种原因,货代公司通常难以与货主事先订立正式书面合同。有的可能是由于不是长期客户,客户临时委托,如强制要求签署书面合同后才能操作反而不符合效率原则;也有的出货较急,合同来回协商、审核、盖章,耗时耗力,货代企业担心失去业务机会;有的则无法就合同全部条款一次性达成一致,采取边做边谈的方法。没有书面合同,在未发生争议前大多数不影响双方正常地开展业务,但一旦发生争议,货代公司则可能处于比较被动的地位。主要表现在以下几点:

(1)在没有订立合同的情况下,如果发生诉讼,比如客户欠款,货代公司需要更多的证据去证明业务关系、费用约定等。尤其是如果没有合同,就无法根据合同约定在货主欠款时扣押对方提单,那么随着通关无纸化的推进,货代企业几乎没有可以对货主形成压力的反制手段及工具。

(2)无法约定操作费、代理费等。如果运费没有得到客户的书面确认,货代很难主张高出其垫付部分的差价,只能退而求其次,为客户偿还垫付的款项。

(3)没有书面合同,就无法对违约责任进行特别约定,如约定高于银行同期贷款利率的违约金,约定违约方承担守约方因诉讼产生的律师费等。从目前司法实践来看,如果没有约定,一旦货主逾期或拒绝付款,货代即使胜诉,也只能主张银行同期贷款利率的逾期付款违约金,这对货主几乎没有压力,以至于有的货主拖欠各种款项,达到相当于找货代融资的目的。另外,货代公司即使胜诉,还要自行承担律师费,由于货代欠款的金额通常不高,即使律师费按照最低标准收费,也超出货代的心理承受范围。

(4)没有书面合同,无法确认对方的营业地址及发生诉讼时文书的送达地址,将来有重要文件如果无法发送邮件时,难以确定具体送达地址。如发生诉讼,诉讼文书寄往对方注册地无人签收,则可能要办理公告送达。

实务中,货代企业由于各种原因,可能无法做到与每个客户都订立书面合同。那么,在没有订立书面合同的情况下,货代企业应当如何补救呢?

由于货代业务通常持续时间比较长,交易流程多,文件交接频繁,因此即使货代与货主没有订立书面合同,但在与货主交往过程中还是可以形成很多书面证据的。货代企业只要加强员工的风险防范意识,提高员工的业务水平,使其形成良好习惯,即使在处于劣势的情况下,也能做到一定程度的自保。所以,货代在业务操作过程中,要做到居安思危、未雨绸缪,为将来可能发生的纠纷保留必要的证据,其中主要涉及以下几个方面:

(1)证明货主具体委托的事项。相对而言,这部分证据比较容易收集,可达到证明目的的有托运单或客户制作的提单样单、发票、清单,以及供通关的其他文件。

(2)证明价格部分。如果货代没有赚取差价,则相对比较容易,货代只要提供对外垫付的金额和对应的提单号,即可要求索回垫付费用。但如果有赚取差价,或采取综合包干方式,则需要证明货主接受了报价。这部分最好以邮件、短信等方式告知客户,争取索要确认回复。

(3)特殊操作要求。有的货物可能涉及客户的特殊要求,这部分应当要尽量争取有书面材料,如客户在托运单未体现,只是口头告知,可以建议客户在托运单上注明要求,一方面是为了收集证据,同时也是为了避免在各个环节的交接过程中发生遗漏。

(4)突发事件。无论货物在起运港、运输途中,还是到达目的港,提货前,均可能出现异常或突发事件。尤其是在装货港装船前,货代应及时保持与客户沟通,方能顺利完成代理事务,其中可能涉及特殊费用与责任,因此务必采取书面形式。对于在运输途中或目的港发生的异常事件,货代也需要尽到通知义务,故务必保留已经尽到这些义务的证据。为了确保将来发生纠纷时处于主动地位,操作人员应注意以下几点:

A.货代企业应尽量使用邮件与委托人进行联系。与传真、聊天软件相比,邮件更利于长期保存、方便查找。使用邮件时应当尽量避免使用 QQ 邮箱、免费邮箱,有条件尽可能使用公司付费邮箱。对方如果采用 QQ 邮箱、免费邮箱等,首次使用时,应尽量通过邮件体现对方身份,如姓名、职务、公司名称等。

B.开始接受委托前,可以将书面合同通过邮件发给客户,要求对方提出修改意见,并告知如无修改意见,可以直接办理委托。将来双方没有异议的部分可以作为合同条款参考。报价也可以采取同样方式,通过邮件发给客户,对方如果没有异议并办理委托,则可以推定接受了报价。

C.如果与客户电话交流,涉及重要事宜,可以立即形成文字,以邮件方式发给客户,称"参刚才与贵司某某电话沟通,就×××事宜达成以下共识"。这样可以在一定程度上对经过形成文字记录。

D.对于尤为重要的催告、通知函,如果对对方的邮箱有存疑,可以采取邮政特快专递方式,并在内件品名处注明"关于……的函",并保留快递收据,及时登录快递网站查询并截存签收记录。

👁 延伸阅读

实务中,货代与货主的交流沟通大量是通过手机短信、微信、电子邮件进行的。可一旦涉及纠纷,这些内容能成为诉讼证据吗? 对此,福建省高院的下列指导意见可供参考:

一、手机短信如何在法庭上出示

解析:手机短信应当庭出示,并将短信内容、发(收)件人、发(收)时间、保存位置等相关信息予以书面摘录,作为庭审笔录的一部分。举证方也可自愿申请短信公证,并将公证文书作为证据出示。

提示:建议作短信保全证据公证,公证人员会对短信的内容、存储短信的设备进行拍照或摄像,方便法院客观采纳事实。

二、法院审查手机短信会注意哪些情况

解析:经过法院审查核实符合证据"三性"(真实性、关联性、合法性)要求的手机短信,可以作为定案依据。审查发、收件人(姓名及手机号码)以及发送、接收的时间;发、收件人与案件当事人之间的关系;审查手机短信的位置是否出现变动,发出(收到)的信息是否仍在发(收)件箱中;审查手机短信的内容是否完整,与其他证据是否有矛盾,与待证事实是否有关联;必要时可申请鉴定或向电信运营商作调查。但因短信、微信存在易删改的特性,还存在运营商不提供个人隐私信息等问题,一般情况下不宜单独作为认定案件事实的依据,应结合其他证据予以补强。

由于对真实性存疑,法官很少直接依据此类短信、微信截图认定案件事实。但如果双方对此短信、微信聊天内容的真实性没有异议,或者该截图经过了公证,则该电子数据基本具备作为证据使用的真实性要素。但除真实性要素外,举证人仍须证明该证据与本案具有关联性,即证明短信、微信、电子邮件中另一方的真实身份。如 2012 年出台的《办理保全互联网电子证据公证的指导意见》第 4 条第 4 款规定,当事人申请保全网上聊天记录、电子邮件的,公证人员应当告知其如果不能证明对方的真实身份,则保全的电子信息可能不具有证据效力。为破解此类证据关联性障碍,当事人在签合同时,最好能做个约定,明确某个微博或微信等账号为其所有,表明该账号的发言即为其真实意思的表示。

三、录音证据

1.录音证据的取证的司法解释

最高人民法院《关于未经对方当事人同意私自录音取得的资料能否作为证据使用问题的批复》曾经规定:未经对方当事人同意私自录音取得的资料不能作为证据使用,以违法证据排除规则排除使用。而最高人民法院新的民事诉讼证据规则重新规定了非法证据的确切含义,即《关于民事诉讼证据的若干规定》第 68 条规定:以侵害他人合法权益或者违反法律禁止性规定的方法取得的证据,不能作为认定案件事实的根据。对录音证据而言就是说,如果录音证据的持有者采用了侵犯他人隐私或者违反法律禁止性的规定,比如录有他人隐私或在其工作或住所窃听取得的录音资料,仍然会被排除使用。

但是,属于民事诉讼证据规则第 70 条规定的"有其他证据佐证并以合法手段取得的、无疑点的视听资料或者与视听资料核对无误的复制件"是有证明力的。要使该录音证据成为判决

依据,必须符合两个条件:

其一,录音证据的取得必须符合法律的规定,录音双方当事人的谈话当时没有受到限制,是自觉自由的意思表示,是善意和必要的,是为了保护当事人合法权益和查明案件真实情况的;

其二,该录音证据录音技术条件好,谈话人身份明确,内容清晰,具有客观真实性和连贯性,未被剪接或者伪造,内容未被改变,无疑点,有其他证据佐证。

如何进行电话录音才有效呢?

实践中,电话录音一般应符合下列做法:

(1)录音的对象必须是债务人或者承担义务的一方

只有债务人(欠款方)的讲话才能对他本人有约束力。实践中有人不承认被录音人是他本人,这时您应申请进行司法鉴定,但鉴定费用您先预交(费用很贵,一般按照分钟收费),最后鉴定费用承担问题由法院判决(一般由败诉方承担)。当然,拨打的电话最好是被录音者在电信或者移动等公司登记的号码。

(2)电话录音内容必须完整反映债权债务的内容或者其他民事义务内容

例如:是欠款,那么录音应让债务人完整说出欠钱的具体金额和理由,金额最好具体到个位。

(3)电话录音应当真实完整

录音证据应当未被剪接、剪辑或者伪造,前后连接紧密,内容未被篡改,具有客观真实性和连贯性。有些时候录音者会故意引导对方做出某些回答,之后进行技术剪辑,得出一份对自己有利的证据,在这种情况下即使真实,也是无效的。

(4)电话录音内容必须反映被录音人真实意思的表示

即被录音者必须不是在被逼的情况下录音的,任何通过非法限制人身自由、绑架、威胁等手段取得的证据都是无效的,因此在录音时应注意言行,谈话时态度、语气一定要和善。

(5)电话录音取得的方式应当合法

《最高人民法院关于民事诉讼证据的若干规定》规定,以侵害他人合法权益或者违反法律禁止性规定的方法取得的证据,不能作为认定案件事实的依据。例如不能凭同意结婚的录音要求法院判决结婚(因为婚姻法规定婚姻是自由的)。私自在他人住宅安装窃听器取得的录音一般会被认定为侵犯公民的住宅权而无效。

(6)电话录音应留下原始载体

通过录音笔或者手机录音后,在拷贝到电脑后,存在录音笔或者手机中的录音资料不要删除。根据《最高人民法院关于民事诉讼证据的若干规定》,录音证据如果对方有异议时,法院或者鉴定机构会要求您出示原始录音材料,否则录音证明力将有问题。另外,录音完毕后要整理成书面材料,并刻制成光盘(法院需要)。

2.录音证据的取证技巧

2002年4月1日起施行的《最高人民法院关于民事诉讼证据的若干规定》规定,以合法手段取得的录音可以作为证据提交法庭。但在现实中,当事人往往缺乏取证技巧,导致获得的录音证明力不足。以下探讨有关录音证据的取证技巧问题。

(1)录音时间和地点的选择

从有利诉讼的角度来说,录音应尽早进行。越早进行,取证对象越无防备,特别是在初次交涉时,一般不会歪曲事实,这个时候的谈话录音价值最大。而在几经交涉后,对方往往会从有利自身的角度进行叙述,或者持防备态度。地点的选择也非常重要,应该尽量寻找比较安静和不受干扰的地方,从而获得较好的录音效果。

（2）录音器材

尽量选择体积小、易隐藏、录音时间长、音质高的设备。采访机、录音笔或带录音功能的 MP3 都可以，最好是可以进行复制的。另外，电话录音一般不如现场录音效果好，在谈话出现分歧时，取证对象如果不想继续的话，可能会把电话挂断，而在当面谈话时，即使出现一些争论也能够继续。

（3）取证前的准备工作

准备好要取证的事项和希望对方承认的事实。对谈话内容做好准备，包括事先考虑好所提示的问题和对方可能的态度，应该如何诱导对方表态等。至于是否要事先约见，则应根据情况而定，径直上门容易获得"攻其不备"的效果，但也有可能遇到意外情况，如被对方拒绝或者因其他原因使得谈话被中断。

（4）谈话方式

既然是私录，当然最重要的就是不能让取证对象察觉你是在录音，所以神态、语气都要自然，如果是认识的人就更要注意。谈话过程中交代一下时间、地点，明确各方谈话者的身份和与谈论事实的关系，在交谈时尽量用全名称呼，以增强录音的关联性和可信度。注意与其他证据的内容相互印证，因为有其他证据佐证是录音证据被采信的条件。谈话内容不要涉及与案情无关的个人隐私或商业秘密，也不要采用要挟口吻，否则可能会被认定为不合法而不予采信。着眼于事实的叙述、承认或否认，不要纠缠于法律责任的争论。注意控制谈话时间，能问到希望对方承认的事实，说到要点即可。

（5）必要时可以请公证机关公证录音过程

必要时可以请公证机关公证录音过程，确保录音证据的合法性。在公证员面前拨打电话并录音,公证处会出具证据保全公证书。《最高人民法院关于民事诉讼证据的若干规定》规定,经过公证的证据证明力高于一般的证据。公证过的录音可以被法院认定没有经过剪接,另外公证费用也不高。

第8节 国际货运代理企业责任保险

国际货运代理责任险是指被保险人及其代理人作为国际货物运输代理人接受委托人的委托,提供国际货物运输代理业务服务过程中,导致委托人的损失,依法应由被保险人承担的经济赔偿责任,保险人按照保险合同的规定在约定的责任限额内负责赔偿的保险。《保险法》第 65 条规定:保险人对责任保险的被保险人给第三者造成的损害,可以依照法律的规定或者合同的约定,直接向该第三者赔偿保险金。

国际货运代理责任保险,通常是为了弥补国际货物运输方面所带来的风险。这种风险不仅来源于运输本身,而且来源于完成运输的许多环节当中,一般都是由国际货运代理公司来履行的。任何一个微小的错误都可能给国际货运代理企业带来非常严重的后果和巨大的经济损失,因此国际货运代理企业有必要投保自己的责任险。另外,当国际货运代理企业以承运人身份出现时,不仅有权要求合理的责任限制,而且其经营风险还可通过投保责任险而获得赔偿。

虽然国际货运代理的责任可以通过投保责任险将风险事

先转移,但作为国际货运代理企业必须清楚地知道,投保了责任险并不意味着保险公司将承保所有的风险,因此绝不可误认为在任何情况下,发生任何事故,即使自己有责任也不必承担任何风险与责任,统统由保险公司承担,这种想法是错误的。事实上,保单中往往都有除外条款,即保险公司不予承保,所以要特别注意阅读保单中的除外条款,并加以认真的研究和考虑。另外,保单中同时订有要求投保人履行的义务条款,如投保人未尽其义务,也会导致保险公司不予赔偿。

目前,国内开展该项保险业务的保险公司主要有中国人民保险公司、平安保险公司等。现对其条款主要内容介绍如下:

一、投保人

根据保险条款第 2 条,凡在中华人民共和国境内(不包括中国香港、澳门、台湾地区)依据《中华人民共和国国际货物运输代理业管理规定》及其他相关法律法规设立并独立经营的国际货物运输代理企业及纳入国际货物运输代理备案管理的企业,都可以成为本保险的被保险人。

二、保险责任

根据保险条款第 3 条,在保险期间内,被保险人及其代理人作为国际货物运输代理人接受委托人的委托,提供国际货物运输代理业务服务过程中,导致委托人的下列损失,依法应由被保险人承担的经济赔偿责任,保险人按照保险合同的规定在约定的责任限额内负责赔偿:

(一)由于安排货物运输代理业务时未发、错发、错运、错交货物,造成额外运输费用损失,但不包括因此产生的货物损失;

(二)由于遗漏、错误缮制和签发有关单证(不含无船承运人提单)、文件而给委托人造成的相关费用损失;

（三）事先以书面形式约定货物交付日期或时间的，因被保险人不作为导致货物延迟交付所造成的运输费用损失；

（四）在港口或仓库（包括被保险人自己拥有的仓库或租用、委托暂存他人的仓库、场地）监装、监卸和储存保管工作中给委托人造成货物的损失（包括因盗窃、抢劫造成的损失）；

（五）在采用集装箱运输业务中因拆箱、装箱、拼箱操作失误给委托人造成的货物损失；

（六）因受托包装、加固货物不当或不充分，而给委托人造成的货物损失；

（七）在报关过程中，由于被保险人过失造成违反国家有关进出口规定或报关要求，被当局征收的额外关税。

三、责任免除

根据保险条款第 6 条，出现下列任一情形时，保险人不负责赔偿：

（一）被保险人无有效的国际货物运输代理业务经营资格或超过许可经营范围从事国际货物运输代理业务；

（二）被保险人超越代理权限从事国际货物运输代理业务；

（三）被保险人将有关业务委托给不合法或无相应的经营资格的代理人、承运人、仓库出租人、船务公司等主体。

第七条 下列原因造成的损失、费用和责任，保险人不负责赔偿：

（一）投保人、被保险人及其代表、雇员的故意行为或重大过失；

（二）战争、敌对行动、军事行为、武装冲突、罢工、骚乱、暴动、恐怖活动；

（三）核辐射、核爆炸、核污染及其他放射性污染；

（四）大气污染、土地污染、水污染及其他各种污染；

（五）行政行为或司法行为；

（六）被保险人或其代理人的违法行为；

（七）自然灾害；

（八）托运的货物本身的自然特性、潜在缺陷或故有的包装不善所致变质、霉烂、受潮、生锈、生虫、自然磨损、自然损耗、自燃、褪色、异味；

（九）因签发无船承运人提单而引发的损失；

（十）因无单放货、倒签提单、预借提单造成的损失。

此外，对被保险人代理以下货物所引起的赔偿责任，保险人不负责赔偿：

（一）金银、珠宝、钻石、玉器、贵重金属；

（二）古玩、古币、古书、古画；

（三）艺术作品、邮票；

（四）枪支弹药、爆炸物品；

（五）现钞、支票、信用卡、有价证券、票据、文件、档案、账册、图纸；

（六）核材料；

（七）计算机及其他媒介中存储的各类数据、应用软件和系统软件；

（八）活动物、牲畜、禽类和其他饲养动物及有生植物。

如上述货物需要投保时，须向保险人申报。

另，根据保险条款第9条，下列损失、费用和责任，保险人不负责赔偿：

（一）被保险人或其雇员的人身伤亡及其所有或管理的财产的损失；

（二）被保险人应该承担的合同责任，但无合同存在时仍然应由被保险人承担的经济赔偿责任不在此限；

（三）除本条款第 3 条第 7 款之外的罚款、罚金及惩罚性赔偿；

（四）任何人身损害、精神损害赔偿；

（五）间接损失；

（六）投保人、被保险人在投保之前已经知道或可以合理预见的索赔情况；

（七）保险合同中载明的免赔额。

货代责任保险合同中被保险人的义务与其他保险合同类似，有交付保险费的义务、如实告知的义务、危险增加的通知义务、防灾防损和施救的义务。除此之外，保险条款还规定"被保险人应当在国际货物运输代理合同范围内妥善收受、保管、安排、处置货物，加强管理，采取合理的预防措施，尽力避免或减少责任事故的发生"。但实际上，货代企业在大多数情况下并没有参与接收、保管、处置货物。

货代企业在选择保险人及保险种类向其投保前，因尽量将自己的业务范围对保险人做详细解释，以便保险人根据风险程度确定合理的费率，同时也明确被保险人的义务，避免违反如告知义务等而将来遭到拒赔。

责任保险虽然一定程度上可以为货代企业提供保障，但如其条款所示，保险也并非万能。由于保险合同存在免赔额以及免赔事项，所以，货代企业首先应当做好自身风险的防范工作。

本章总结

航运物流货代企业常见的风险有如下几种主要类型：

- 对委托人及托运货物不了解的风险。
- 签发不合法或来历不明的提单的风险。
- 目的港遭不良合作伙伴恶意无单放货的风险。
- 目的港无人提货或弃货的风险。
- 超出代理职责范围多身份经营或出具保函等的风险。
- 代理人应尽谨慎的代理责任，在合理合法合规的范围内从事代理工作，有如实告知委托人工作进展的义务。

👁 延伸阅读

厦门市现代物流业商会推荐的"国际货运代理企业行业格式合同"范本，网址：pan.baidu.com/s/1sjot3BJ。

§ 第七章 §

杂 谈

第1节 合同审查及签署的技巧

　　与合作伙伴签订业务、买卖、租赁等合同,与员工签订劳动合同等,都是企业管理者日常重要的工作之一。对于任何需要审查的合同,不论合同的标题是如何表述的,首先应当通过阅读整个合同的全部条款,准确把握合同项下所涉法律关系的性质,以确定该合同所适用的法律法规。合同名称与合同约定的权利义务关系不一致的,应当按照合同约定的权利义务内容,确定合同的类型和案由,适用相应的法律、法规。在审查合同前,必须认真查阅相关的法律法规及司法解释。同时,注意平时收集有关的合同范本,尽量根据权威部门推荐的示范文本,并结合法律法规的规定进行审查。当然,签署之前一定要咨询法律顾问的意见。

　　合同审查的着重点:合同的效力,合同的中止、终止、解除,违约责任和争议解决条款等。

一、合同的效力问题

　　1.《合同法》第52条规定了合同无效的五种情形,即一方以欺诈、胁迫的手段订立的合同;恶意串通,损害国家、集体或者第三人利益的;以合法形式掩盖非法目的;损害社会公共利益的;违反法律、行政法规的强制性规定的。因此,在审查合同时,应认真分析合同所涉及的法律关系,判断是否存在导致合同被认定为无效的情形,并认真分析合同无效情况下产生的法律后果。

2.注意审查合同的主体。主体的行为能力可以决定合同的效力。对于特殊行业的主体,要审查其是否具有从事合同项下行为的资格,如果合作方是不具备独立法人资格的分公司,应要求对方总公司提供担保函。如果合同主体不具有法律、行政法规规定的资格,可能导致合同无效,那么,对主体的审查也是合同审查的重点。

3.对于无权代理、无权处分的主体签订的合同,应当在审查意见中明确可能导致合同被变更、被撤销的法律后果。

4.注意合同是否附条件或附期限。

5.注意合同中是否存在无效的条款,包括无效的免责条款和无效的仲裁条款。无效的免责条款即《合同法》第53条的规定:造成对方人身伤害的和因故意和重大过失造成对方财产损失的免责条款。

6.签署人一般是合同主体营业执照上的法人代表或其授权代理人,一般不允许无获得授权的普通员工或业务员私自代表公司签署合同。

二、合同的履行和中止

1.《合同法》第62条明确规定了合同中部分条款约定不明、没有约定的情形下的履行方法,因此对这部分条款需仔细审查,包括质量标准、价款或报酬、履行地点、履行期限、履行方式、履行费用等条款。

2.《合同法》规定了双方合同中的不再履行抗辩权、先履行抗辩权和同时履行抗辩权，因此在审查合同时，应结合违约责任的约定，注意审查双方义务的履行顺序问题。

三、合同的终止和解除

合同的终止和解除是两个并不完全等同的法律概念，合同解除是合同终止的情形之一，合同审查时应掌握《合同法》第六章关于合同的权利义务终止的相关规定。

(一)合同的终止

合同终止是指合同权利义务的终止，其法律后果只发生一个向后的效力，即合同不再履行。《合同法》第91条规定了合同终止的若干情况：债务已按照约定履行；合同解除；债务相互抵销；债务人依法将标的物体存放；债权人免除债务；债权债务同归于一人；法律规定或当事人约定终止的其他情形。

根据上述第91条最后一款的授权，许多合同文本都有专门条款约定合同终止的情况，但有些约定往往是对违约责任的重复，而违约的情形是可依据合同中关于违约责任的约定承担责任，这种责任的承担与合同终止的法律后果往往是不同的。因此，应结合关于违约责任的约定，分析对合同终止的约定是否属于可行且必要的情形。

(二)合同的解除

《合同法》第93条规定了当事人双方可以在合同中约定解除合同的条件，这些条件的设置往往与一方违约相联系，这是在合同审查时需注意的问题。

《合同法》第94条规定了单方解除合同的情形。但应当注意，这种解除权是一种单方任意解除权而非法定解除权，对该条的适用仍需当事人的约定。同时,这种解除需要提出解除的一方通知对方,且在通知到达对方时发生解除的效力。这也是在合同审查时需要注意的问题之一。特别是在一方迟延履行时,只有这种迟延达到根本违约的程度时,另一方才享有单方解除权,否则应给予违约方合理期限,令其履行合同义务而不能解除合同。

审查时还要注意的一个重要问题是是否约定了行使解除权的期限。根据《合同法》第 95 条的规定,双方可以约定行使解除权的期限。没有约定适用的法律规定,法律也没有规定的,则在对方催告后的合理期限内必须行使,否则会导致该权利的丧失。合同法分则的许多条款都有关于法定解除的特别规定,如赠与合同、不定期租赁合同、承揽合同、委托合同、货运合同、保险合同等,这要求审查时掌握合同法分则对各类合同的具体规定。

合同解除的效力较合同终止更为复杂。首先它产生一个向后的效力,即对将来发生的效力——未履行的终止履行;其次,对于合同解除的溯及力问题,《合同法》并没有做一刀切的规定,而是根据履行情况和合同性质,可以要求恢复原状(相互返还);最后,也是最为重要的一点,多数合同在违约责任条款中会约定一方有权解除合同,并要求对方承担违约责任。这种约定实际上是错误的,正确的表述是:解除权人有损失的,可要求违约方赔偿损失。可以约定该赔偿金的计算方法(《合同法》第 114 条)。

四、合同的争议解决条款

主要涉及仲裁条款的效力问题。选择仲裁机构的时候,应当注意在合同中写明仲裁机构的名称、仲裁事项、适用何仲裁规则等。

对于诉讼的条款,应注意选择的法院是否违反专属管辖权,是否与案件有实际联系,并考虑对己方是否便利。而针对航运物流货代业的业务合同,一般选择企业所在地的海事法院作为争议纠纷的管辖法院为上。

五、几类常见合同的审查

(一)买卖合同

1.注意审查对合同项下标的的描述,应当有品名、规格、型号、数量、单价(或总价)。

2.交货条款:交货时间、地点。

3.付款方式:应注意审查付款条件。

4.验收:应注意验收与付款的衔接问题。

5.运输条款:应注意审查运输费用的承担、运输和交货条款的衔接。

6.包装:注意审查是否有特殊的包装要求。

7.检验条款:第 4 项所列明的验收条款是基于通信类产品、设备,往往需要在安装、调试后经过试运行方可确定产品或设备的可用性,因此在通信类产品和设备的买卖合同中与付款相挂钩的往往有初验、终验等条款。而此处检验条款是指《合同法》第 157 条、第 158 条规定的情形,往往是到货时的检验,对此应掌握《合同法》第 157 条、第 158 条的规定。

8.安装、调试、初验、试运行和终验条款。应注意各个环节的衔接、几个环节的处理和对下一环节的影响。

9.培训条款:注意培训费用、培训内容的约定。

10.保修:注意保修期限的起始点和保修期内故障的处理。

11.索赔和违约责任:有关违约责任及赔偿并不一定仅出

现在"索赔和违约责任"这一专章条款中,可能散见在各个条款中。因此在审查违约责任时,应注意前述各条款的内容中是否存在出现违约的情形,如果在相关各方义务的条款(如保密条款)中没有约定违约责任,则应在违约责任专章中有所约定。对于违约责任,可以列一个"帽子条款",将各种违约情形笼统地在一个条款中加以约定,如:任何一方违反本合同中的承诺、保证及本合同约定的义务,应向守约方支付违约金并赔偿守约方因此而遭受的损失。

12.争议解决:注意审查仲裁条款的效力问题。

13.不可抗力条款:应注意对不可抗力的界定是否和法律规定的一致。

对于买卖合同,应当掌握《合同法》关于分期付款买卖、适用买卖、凭样品买卖的特殊规定,尤其是对合同解除方面的特殊规定,这与违约责任有密切关系。

(二)租赁合同

1.注意《合同法》对租赁期限的特别规定(《合同法》第214条、第215条),这是租赁合同审查的重点之一。

2.审查出租方对租赁标的是否享有完整的权利。鉴于审查合同时缺乏相关的权利证明材料,因此可以要求出租方对于其享有的对租赁标的的完整权利做出承诺,并在违约责任条款中明确指出若租方违反该承诺,视为出租方违约。出租方对租赁标的物是否享有完整的权利,往往影响合同的效力,因此在审查时应当特别注意。

3.租赁标的的维护问题。根据《合同法》第220条的规定,原则上是由出租人履行维修义务,但当事人可以约定。因此在审查合同时应注意是否有关于标的物维修的特别约定,如没有,则维修义务属于出租方。

4.租赁合同中如有转租条款的,应审查是否明确转租需经出租人同意。此外,应根据情况提示转租的法律后果,及承租人对于租赁标的的毁损灭失仍应向出租人承担赔偿责任。

5.一部分合同采用的名称是《租赁合同》,但通读合同全部条款后会发现,该合同实质上是一个融资租赁合同。《合同法》对融资租赁合同有专门的规定,因此熟悉这些规定才能对融资租赁合同进行全面审查。同时,对融资租赁合同通常宜采用买卖和租赁两个合同分别进行约定,因此应注意两份合同的呼应一致。

6.违约责任方面,应注意出租人迟延交付租赁标的、交付的租赁标的有瑕疵(包括权利瑕疵和质量瑕疵等方面)的违约责任,承租人迟延支付租金、违反合同约定使用租赁标的、擅自转租、擅自改造租赁标的等方面的违约责任。

(三)业务合作类合同

1.对于业务合作类合同,首先要审查合作各方是否具有合作的主体资格条件,尤其是对特定的行业如通信类行业,必须经过特定的审批,取得从事该行业的资格,如果不具备这样的资格,可能导致所签订的合作协议因违反法律、行政法规的强制性规定而无效。对于合作方是不具备独立法人资格的分公司,应要求对方总公司提供担保函。

2.需要认真审查合作各方的义务,分析可能出现的违约情形,对各方的责任应界定明确。

3.涉及合作分成的条款应仔细审查。

4.注意违约责任条款。

5.合作类合同中往往有保密条款存在,如没有,一般可以建议增加。

6.部分合作类合同为了规避对主体资格的限制,双方会采用代理方式进行合作,对这种合作模式应注意费用的支付问题,在合同条款中不应出现"业务分成"等概念,有关费用只能以代理费等形式体现。

(四)劳动合同

劳动合同大都是依照《中华人民共和国劳动法》(以下简称《劳动法》)规定的条款,相当部分的条款都可以在《劳动法》原文中找到,因此审查起来并不算难。但鉴于我国历史原因形成的较为复杂的人事制度,实践中遇到的劳动合同即事实形成的劳动关系较为复杂。在审查劳动合同时,必须熟悉《劳动法》和有关法规、规章的规定。

注意审查合同中有关试用期的规定。首先,试用期应当包括在劳动合同期限内。其次,应当注意试用的期限,劳动合同期限不满 6 个月的,试用期不得超过 15 日;劳动合同期限在 6 个月以上不满 1 年的,试用期不得超过 1 个月;劳动合同期限在 1 年以上不满 2 年的,试用期不得超过 3 个月;劳动合同期限在 2 年以上的,可以约定超过 3 个月的试用期,但最长不得超过 6 个月。

公司可以和员工另行约定双方认可的劳务条款,但前提是不能违背《劳动法》。此外应当注意,约定解除劳动合同的情形是否与《劳动法》的规定相符。

合同审查是一项对审查者的素质要求较为全面的工作,审查者不但要有扎实的法律基础,还要熟悉企业管理、经济运行的相关知识。当然,一切的经验都需要慢慢累积,边学边审,将知识和实践结合起来,很快就能形成自己审查合同的技巧和方法。

◉ 案例说明

2016 年 8 月，厦门市国际货运代理协会邀请福建联合信实律师事务所的律师们来为会员企业开展一堂主题为"企业劳动用工法律风险防范"的讲座，律师们通过解读《劳动法》，结合以往处理过的劳动纠纷案件，有针对性地从企业招录员工、劳动合同订立、工资福利、社会保险、员工培训、竞业禁止、公司规章制度制定及管理人员、员工离职等方面进行充分的讲解。以往企业管理者容易忽视以下几方面：

(1)《劳动法》规定员工在试用期就要签订劳动合同，企业有一个月的缓冲期，如果过期，员工有权索赔两倍以上的工资。

(2)劳动合同最好不要体现岗位或任职地点，否则，员工可以因企业换岗或调动而起诉单位。

(3)在职期间，企业送员工去培训，可以规定受训员工必须在受训后再为公司服务的年限，员工在约定的年限内辞职要负责赔偿企业的培训费，但上限为培训费总额，企业不能额外再增加赔偿金额。

(4)与应收账款有关联的员工辞职，企业可以与该员工另行约定应收款的催缴及工资、奖金的发放期限，但不能扣发员工的档案及"五险一金"等。

(5)企业可以和员工约定因人为疏失给企业造成损失后，员工自行承担的责任和义务，但要考虑员工承担能力的合理性。

(6)员工离职时，企业要和员工做好书面工作交接手续，并要该员工签字认可自愿与公司终止劳动关系，不再有任何劳动争议或法律纠纷。

第2节　承运人倒签、预借提单等做法的风险

倒签、预借提单以及凭保函签发清洁提单的需求，一般源于国际贸易信用证交易。在信用证付款的形式下，根据《跟单信用证统一惯例》规则，卖方的义务是向银行提供与信用证相符的提单及其他有关单据，而银行的责任只是根据"单单相符、单证相符"原则，就有义务向卖方议付货款。因此，如果卖方不能在信用证规定的装船期限（Latest shipment date）之前装运，并获得装船日期早于该截止日期的提单，就无法做到单证相符以获得货款。倒签和预借提单的需求因此应运而生。

倒签和预借提单实质上是托运人（卖方）和承运人（或代其签发提单的代理人）对收货人（买方）的一种联合欺骗行为。理论界对倒签和预借提单究竟侵害了买方何种权利存在不同观点，但卖方未按信用证规定的最后装船日期履行装船的义务，买方本可以根据信用证的规定拒绝付款，由于承运人倒签提单，买方丧失了根据信用证的规定拒绝付款的权利，客观上剥夺了买方的抗辩权。

另外，承运人倒签提单的行为在客观上帮助卖方向买方掩盖未按买卖合同规定的日期交货的事实，也可能使买方无法根据买卖合同主张卖方违约，从而解除合同，因此，也侵害了买卖合同赋予买方的解除权。

货主为了预借或获得倒签提单,通常会向承运人或其代理人提供保函。此类保函因存在欺诈目的,故对其效力一直存在不同观点。最高人民法院关于海上货物运输的托运人为换取清洁提单而向承运人出具的保函的对内和对外的法律效力进行区分,可供借鉴。在[1988 年 10 月 4 日法(交)复(1988)44号]《关于保函是否具有法律效力问题的批复》中,最高法院认为:"海上货物运输的托运人为换取清洁提单而向承运人出具的保函,对收货人不具有约束力。不论保函如何约定,都不影响收货人向承运人或托运人索赔;对托运人和承运人出于善意而由一方出具另一方接受的保函,双方均有履行之义务。"因此,即使承运人根据货主的保函预借或倒签了提单,也不影响收货人向承运人或托运人索赔。承运人对外做出赔偿后,可以根据保函向出具保函的一方要求赔偿损失。

如果货运代理人只是从事单纯的货运代理业务,则不涉及倒签和预借提单的责任。即使货主有倒签或者预借的要求,货代也只是将此要求转达给船公司或无船承运企业,是否同意由承运人决定。船公司或无船承运企业如果予以接受,则风险和责任由其承担;如果货主为此向船公司或无船承运人出具了保函,将来船公司或无船承运人作为保函受益人根据保函也只能向货主要求赔偿损失。

但如果货代企业也从事无船承运业务,倒签或预借了自己的提单,则应当向收货人、提单持有人承担独立责任。实务中,在货主无法根据现有船期预定到符合信用证装期航班的情况下,货代为了承揽业务,在船公司(实际承运人)拒绝预借或倒签提单的情况下,可能会选择倒签或预借自己的提单,以满足货主信用证单证相符的要求。

随着直达集装箱班轮的增加以及信息化程度的提高,无论是托运人、收货人，还是提单持有人，均可以很容易查询到班轮的信息，甚至准确查询提单上所体现的集装箱的动态，因此，倒签和预借提单的行为几乎难以隐瞒，其风险也就可想而知。

◉ 案例分析 [（2014）鲁民四终字第 39 号]

上诉人（原审原告）：河南 A 对外贸易有限公司

上诉人（原审被告）：D 集装箱运输有限公司

被上诉人（原审被告）：B 纸业有限公司

A 公司起诉称：A 公司与第三人 C 公司签订《木浆进口代理协议》，协议约定：C 公司代理 A 公司购买绿箭漂白针叶浆 1200ADMT，单价为 790 美元/ADMT。C 公司于 2011 年 8 月 31 日与 B 公司签订了 2400ADMT 的绿箭漂白针叶浆买卖合同。合同约定，最晚装船时间为 2011 年 10 月 31 日，目的港为青岛港，以信用证方式支付货款。据此，C 公司向中国建设银行申请开立了受益人为 B 公司的远期信用证，金额为 1,975,000 美元，最晚装船日期为 2011 年 10 月 31 日。该买卖合同约定的货物包括了 A 公司的 1,200ADMT。B 公司将上述货物分两次装运，全部货物于 2011 年 12 月初到达青岛港。B 公司作为信用证的受益人分两次向开证银行议付信用证，正本提单编号分别为×××× 8005464740 和×××× 8006317580。提单 ×××× 8006317580 项下的单证因存在不符点被 C 公司拒付。C 公司代理的 A 公司的货物被装于 46 个集装箱内，提单号为×××× 8005464740，开证银行予以承兑。A 公司持自银行取得的正本提单向 D 集运提货时，发现该批货物的装运期实际为 2011 年 11 月 12 日，正本提单被倒签了 13 天。

此案中，虽然法院最终认为 A 公司既非提单法律关系当事人，也非涉案货物的收货人，对涉案货物不具有任何权利，A 公司是否遭受损失以及损失多少与本案无关，最后驳回 A 公司对 B 公司、D 公司的诉讼请求，且二审维持原判，但此案法院对倒签提单性质的认知具有普遍参考意义。

法院认为，根据《海商法》第 71 条的规定，提单是指用以证明海上货物运输合同和货物已经由承运人接收或者装船，以及承运人保证据以交付货物的单证。同时根据《海商法》第 72 条的规定，货物由承运人接收或者装船后，应托运人的要求，承运人应当签发提单。因此，承运人应当在货物已经接收或装船后如实签发提单，提单的签发日期应为货物接收或装船日期。

法院认为承运人 D 集运公司倒签提单事实成立。涉案货物的装箱时间起于 2011 年 11 月 4 日，而作为发货人的 B 公司又自行负责装箱计数，所以 B 公司显然知晓提单被倒签的事实。

法院同时认为，《海商法》第 78 条第 1 款规定"承运人同收货人、提单持有人之间的权利、义务关系，依据提单的规定确定"，所以有权依照提单向承运人提起索赔的人只能是合法的提单持有人以及收货人。根据查明和认定的事实，D 集运公司倒签提单事实成立，正本提单合法持有人有权据此索赔所遭受的损失。涉案××××8005464740 提单签发后经 B 公司背书通过信用证议付流转到开证人 C 公司处，C 公司并未再进行背书转让而是在目的港青岛港按照承运人要求凭保函提取了提单项下货物。综上,D集运公司倒签提单构成海运欺诈,应当对合法提单持有人或收货人造成的损失承担赔偿责任。

◉ **案例分析** [(2005)津高民四终字第163号]

上诉人(原审被告):Z综合航运有限公司

被上诉人(原审原告):新疆A纺织有限公司

原审天津海事法院查明:2004年3月21日,新疆A纺织有限公司(下称A公司)作为卖方与案外人杭州B有限公司(下称B公司)签订棉花销售合同。合同约定:货物数量500吨,每吨人民币17,800元,总金额人民币8,900,000元,交货日期为2004年6月30日;卖方清关后,买方到港口自提;交货后先付90%,余款待买方验收后一次付清;延期供货买方可拒收货物或按交货当时的市场价协商处理(参照全国棉花交易市场价格),买方未按时付款,须向卖方支付每天万分之三的滞纳金。

上述合同签订后,A公司委托案外人浙江C贸易有限公司(下称C公司)作为外贸代理人与国际商品交易集团签订500吨棉花进口合同。C公司对外开立的信用证载明货物最晚装船期限为2004年5月20日。

涉案货物由Z综合航运有限公司(下称Z公司)负责运输,提单记载:收货人凭指示,接货地为美国内陆城市孟非斯,装运港为美国萨凡那港,目的港为天津港,运输船舶为"ARCADIAN"轮104W航次,货物数量为22个集装箱,提单签发日期为2004年5月16日,提单记载的装船日期为2004年5月16日,提单正面左下角还载明"如接受货物的地点为一个内陆地点并在此列明,则本提单上任何在船、已装船、已装载船上以及与此相类似的词语所表达的概念，应被认为是已装上从接货地点到装船港之间承担运输任务的卡车、火车、飞机或其他内陆运输工具（具体视情况而定）"。实际上只有 10 个集装箱的货物装载于"ARCADIAN"轮第 104W 航次，该 10 个集装箱货物于 2004 年 6 月 19 日运抵天津港，其余 12 个集装箱货物（245 吨）被 Z 公司装载于其他船舶，于 2004 年 7 月 12 日运抵天津港。两批货物进口报关单均记载经营单位为 C 公司，收货单位为 A 公司。

A 公司收到上述货物后分别交付给货物买方 B 公司。因后 12 个集装箱货物的交付时间超过了 A 公司和 B 公司合同约定的交货期限（2004 年 6 月 30 日），双方于 2004 年 8 月 2 日达成协议，根据合同约定，参照全国棉花交易市场价格，将该 12 个集装箱货物的价格调整为每吨人民币 12,000 元，前 10 个集装箱货物价格不变，双方同意将上述价格调整作为 A 公司对延期交付货物造成 B 公司损失的最终解决方案。A 公司因此损失货款人民币 1,421,000 元。

原审法院认为，提单是指用以证明海上货物运输合同和货物已经由承运人接收或者装船，以及承运人保证据以交付货物的单证。按货物是否已装船区分，提单可分为已装船提单和收货待运提单。承运人必须根据货物是否装船签发相应提单，货物已经装船的，承运人应当签发已装船提单，并在提单上注明装船日期，表明货物已在该日期装上船。承运人在货物尚未装船或未装船完毕时签发的已装船提单为预借提单。涉案提单系 Z 公司于 2004 年 5 月 16 日签发的，认定其是否构成预借提单，应以 5 月 16 日 A 公司进口的 22 个集装箱货物是否装上"ARCADIAN"轮为依据。从本案事实看，Z公司于5月16日签发提单时只有10个集装箱货物装上船，另外12个集装箱货物有的仍在Z公司的陆运过程中，有的甚至尚未从托运人处接收货物，但Z公司在只有10个集装箱货物装上船的情况下却签发了22个集装箱货物的已装船提单，根据《海商法》的规定，Z公司的行为属于预借提单行为，构成对货物所有人即A公司的侵权。Z公司在提单中记载的"如接受货物的地点为一个内陆地点并在此列明，则本提单上任何在船、已装船、已装载船上以及与此相类似的词语所表达的概念，应被认为是已装上从接货地点到装船港之间承担运输任务的卡车、火车、飞机或其他内陆运输工具（具体视情况而定）"，属于承运人单方减轻其责任的条款，该条款应属无效条款。Z公司认为其行为不构成预借提单没有法律依据，理由不成立，原审法院不予支持。

Z公司预借提单的欺诈行为客观上掩盖了货物装船的真实情况，致使货物托运人在逾期交货的情况下仍能出示符合信用证最后装船期的提单向银行结汇，也使A公司在不明真相的情况下接受包括提单在内的信用证项下单据，丧失了对货物卖方拒付信用证项下货款的权利。因此Z公司应对A公司货物市场跌价损失承担相应赔偿责任。法院判决Z公司赔偿A公司货款损失人民币1,421,000元。

Z公司不服一审判决，向天津高院提起上诉；二审判决驳回上诉，维持原判。

第3节　运输途中突发事件的处置

海上运输历来是一项高风险的行业,虽然随着航海和造船技术的提高,事故发生率已经大大降低,但是各种意外还是频频发生。近年来就发生过多起重大火灾、爆炸、碰撞等事故,发生此类事故后,船东经常会宣布共同海损。除了航海风险,贸易风险引发的目的港无人提货也是货代经常遇到的棘手问题。遇到这些情况,货主及其代理人应该如何处置呢?

虽然货代企业作为货主在起装港的代理人,其责任在完成装运、获得提单交给货主后即基本宣告结束,此后的纠纷源于海上货物运输合同关系,应在货主与承运人之间进行解决,但对于货代来说,如果能提供专业有效的指导和帮助,不仅可以提升自身的服务水平,也可以借此巩固和客户的关系。以下对几种常见又具有专业性的突发事件做简要介绍。

一、共同海损

根据《海商法》第193条的规定:"共同海损,是指在同一海上航程中,船舶、货物和其他财产遭遇共同危险,为了共同安全,有意地合理地采取措施所直接造成的特殊牺牲、支付的特殊费用。"共同海损损失应由船、货(包括不同的货主)各方按照各方的比例合理分摊。如何分摊将按照理算规则进行理算。常见的理算规则有《中国国际贸易促进委员会共同海损理算规则》、《约克－安特卫普规则》等。海损理算机构是民间组织,其出具的理算报告在当事人无异议的情况下,可以作为分摊责任的依据;但若有当事人提出异议,则将由法院裁定是否采纳。

共同海损事故发生后,承运人如果认为该事故是共同海损原因所致,则会宣布共同海损、申请共同海损理算并要求货方分摊共同海损。船公司指定海损理算公司后,会要求货主和保险公司分别在保函上盖章,并提供提单、CIF 发票等资料。如货物没上保险,或者理算公司不认可投保的保险公司,则需由客户缴纳按 CIF 货值一定比例计算的保证金。根据《海商法》第 87 条的规定,应当向承运人支付的共同海损分摊费用没有付清,又没有提供适当担保的,承运人可以在合理的限度内留置其货物。所以,如果货物没有灭失,需要继续运往目的地,承运人一般会要求货方提供现金或可靠担保。根据《海商法》第202 条的规定,经利益关系人要求,各分摊方应当提供共同海损担保。以提供保证金方式进行共同海损担保的,保证金应当交由海损理算师以保管人名义存入银行。保证金的提供、使用或者退还,不影响各方最终的责任分摊。

如果遇到船东宣布共同海损,货代企业首先应当询问货主是否投保,所保险别是否涵盖共同海损。如有,则可以由货主尽快报险,向保险公司索赔,后续由保险公司进行处理,货代应协助收集、提供必要索赔文件。如果没有投保,则需要货主直接与船东联系,根据理算人的要求,及时支付担保金或其他可靠的担保。如果货主拒绝提供担保,将来船东可依法行使留置权。

二、目的港无人提货

目的港无人提货是近几年来货代从业人员经常遇到的棘

手问题。无人提货大部分由非货代原因造成,货代企业很难防范;发生无人提货事件后,如何处理是货代经常需要面对的问题。一旦处理不当,货代公司常受到牵连,承担不必要的风险。货代作为托运人的代理人,其职责通常仅限于货代贸易合同项下负有交货或安排运输的一方在起运港处理有关运输事宜,通常是为货主安排订舱、报关、报检、短途拖车、货物装船后向承运人领取提单等,至此代理职责基本结束。目的港无人提货实际上是海上货物运输合同纠纷的一部分,本与货代企业无关,应由承运人与托运人协商解决。但是货代公司作为货主和承运人之间沟通、交流和协调的桥梁,在运输过程中仍然负有帮助货主和承运人之间沟通的责任。遇到运输途中突发事件或目的港无人提货这种情况,货代公司有义务及时、完整地将承运人的通知、催告信息等转达给托运人。

在目的港出现长时间无人提货的情况,货代公司的通知义务主要有两个方面:首先,在接到承运人的通知后应当向委托人履行转达告知义务,将无人提货的信息及时通知委托人,告知可能发生的目的港滞箱费及计算方式,或征求委托人货物处理意见,如退运、改港、转卖或是弃货;其次,代委托人应及时向承运人履行通知义务,如提示承运人在目的港采取减损措施,或者将委托人的处理意见告知承运人。通过履行这种双向的通知义务,以达到传递信息和减损的效果,防止将来因没有及时履行通知义务而承担代理人过错赔偿责任的风险。

◉ 案例

2013 年 11 月 22 日,C 台中分公司安排一票散货出口到厦门,D 为拼箱公司,货物拆柜后放置于厦门港务物流海关监管仓库。此票货物 1CTNS＝6 桶植物油（食用），提单电放，收货人：简称 A，A 在厦门港的操作货代及报关行简称 B。

货物到港后，A 委托 B 付款给 C 并提供 A 的电放提单背书及电放保函，C 付款给 D 取得小提单 D/O 后，直接交给 B。2014 年 6 月，仓库通过 D 找到 C，询问此票货物为何一直没有提货。C 联络 A 未果，从 B 处得到答复，此票货商检抽验不合格，未放行，且 A 公司已经人去楼空，B 帮 A 代垫的换单费及报关费等相关费用也未收回；随即通知仓库客人已经弃货。同时 C 通知 C 台中分公司此票货物有弃货情况。

2015 年 3 月，仓库又来询问此票货物为何未提货，才得知弃货手续一直没有办理。随即通知 B 办理弃货手续。这当中也产生了相应的海关商检等删单费用。B 找 C 索取费用未果，自行承担。待办好手续后，仓库通知有堆存费，向 D 索取，D 向 C 索取。C 和 D 同时找仓库理论，投诉仓库监管不力，为何 2014 年 6 月就通知弃货，到 2015 年才通知未处理并要收取堆存费。同时 C 向 C 台中分公司通报此情况。C 台中分公司向托运人索要弃货保函和相关费用后，同意弃货。

最终托运人承担了相关弃货销毁的费用，仓库因自身监管不力也同意给予一定的优惠。

在此类案件中，收货人之所以消失，一般都是因为后续清关及仓储等费用远远大于货值。B 自行通知弃货，是因为没有 A 的委托也无法办理退运手续，且事发后确实联系不到 A，A 的欠款也大于货值。最初没有考虑更换买家是因为食用货物不好找到下家,另外考虑检验检疫、卫生安全等问题,只能销毁。幸运的是,此案托运人还愿意接受弃货销毁的处理方案并承担费用,其中一个原因是本案货值较低,托运人不想破坏与C货代公司长期合作的关系;其二就是托运人是正规合法经营企业,不想在大陆地区有不良记录。如果涉案金额较大时,后续的处理就会相对麻烦。

律师总结:

(一)一般目的港发生货主弃货、无人提货的原因

1.发货人因没有收到货款拒绝将提单交付收货人,致使收货人无法提货。这种情况下,很显然产生无人提货的原因在于发货人。

2.收货人因货物质量、市场波动等原因拒绝提货,尤其是在 FOB 运费到付的条件下更为常见。这种情况下,发生弃货的原因在于收货人。

3.因为单据资料以及数据问题导致清关发生问题,无法正常提货。

4.运抵时间过长导致交期严重延误,无法按时提货,耽误生产或销售期。

5.目的港费用过高。

6.恶意收货人或贸易商想利用当地政府及海关的法律法规,等货物滞港超过规定期限后而由海关拍卖时再低价购入。

7.其他贸易纠纷。

(二)当货代公司受托的货物在目的港发现弃货时,应积极主动采取措施处理

1.货物抵港超过一定期限(一般为一个月)无人提货,作为货代企业一定要第一时间用正式公函催促货方(包括收发货人、中间贸易商等)提取货物,以保护自己的权利和权益。

2.弃货的消息一般是从承运人处得到的确认,一旦国外客户确认弃货,要第一时间让承运人国外代理发一份当地弃货操作方法的流程,因为不同国家、不同产品弃货的处理方法和要求都不一样。

3.需要尽量在目的港寻找其他买家,如果货值不高,在当地寻找其他买家可以尽量降低处理成本。

4.如果无法寻找到替代买家,当地货运代理也无法协助拍卖抵值,那只能根据货值高低选择是否退运或就地销毁。

需要注意一点,有些地区和国家就算收货人弃货,如果发货人要退运也要收货人的书面授权,这种情况比较难办。更多时候,样品等货值比较低的拼箱货,发货人都不会选择退运。

5.要注意起诉货方的诉讼时效。

(三)如何规避目的港弃货或减少损失

1.贸易本身需以诚信为本,选择信誉好的客户合作。

2.选择目的港正规的、经验丰富的货运代理,可以在关键时候提供有效的指导,最大限度降低弃货发生的可能或当弃货发生时把损失降到最小。

3.贸易条款和保险很重要。货值过低的尽量不要给客户做 DDU 或者 DDP 并一定要购买弃货保险,货值高的一定要做 T/T 并至少先收货款 50%～70% 的预付款后再发货。

4.单据齐备,提前了解清楚各项费用,防止人为因素导致费用高升,致使客户弃货。

第4节　船公司破产后，货代企业如何善后

2008年美国次贷危机爆发导致世界范围内的经济危机，近几年世界经济一直处于低迷萧条的低谷，并迟迟不见复苏的迹象，世界贸易景气因此欠佳、航运公司无货可运。2008年以前，很多船公司受经济强劲增长的刺激，纷纷订造新船、增加运力来扩大船队规模，寻求垄断地位，2008年后，这些船公司随之陷入恶性竞争、运力过剩、资金紧张的困境，一些资不抵债的船公司纷纷倒闭，包括此前的烟台海运、海南泛洋、STX，到2016年8月发生的震惊世界的航运界最大事件——世界第七大、韩国最大的船公司韩进海运（HANJIN SHIPPING）突然宣告破产，直至2018年6月才发生的国内知名的内贸船公司洋浦中良突然宣布停止所有航线运营的消息等。

一旦船公司破产倒闭，必将影响与之息息相关的货主、货代、码头、堆场、联盟船东、租箱公司等利益相关方。不幸遇上船公司破产，货主的相关损失虽说可以通过法律途径进行诉讼处理以及债权登记等，但时间之长、可获得赔偿的可能性之小，也是货主无法消耗与承担得起的。所以当破产的消息传来时，货代和货主等相关利益方如何及时善后和止损才是关键。

也许某天货代公司负责人早上或者半夜醒来的时候，发现朋友圈炸了："×××船公司破产了。"货主询问的电话一个个打来，作为货代公司负责人，应该马上组织清点公司系统中的

货载,找出与破产船公司相关的业务,并及时采取如下动作:

(1)如已取得 S/O,尚未提柜的,应立即取消 S/O,转排其他船公司。

(2)如已提柜,尚未装货,立即停止装柜,集装箱安排还空。

(3)如已提柜装货,重柜未进码头,安排货物返回工厂,柜子还空。

(4)如出口重柜已进码头,尚未报关,停止报关,安排重箱出场拆空还柜。

(5)如出口重柜已进码头且报关放行,通知报关行删单退关,安排重箱出场拆空还柜。

(6)如已装船或运输途中,就只能等待船公司进一步通知。

(7)如进口重柜已到目的港,尚未提柜,通知客户尽快办理目的港清关提柜。

以上第 4 项、第 5 项和第 7 项中,出口重柜已进码头或者进口重柜已卸目的港码头的情况,如当地码头尚未开始采取对该船东集装箱的控管扣押,可做如上操作。如码头已采取控管,则只能等待码头进一步通知。码头的控管措施一般需报备相关部门后执行,时间会延后一些,此时应该争取时间差,尽可能在码头控管开展前尽快办理。

与破产船公司相关的业务,还包括原与破产船公司达成运输联盟或者共享舱位的其他船公司的货载,如排其他船公司的集装箱,但所使用的船舶是破产船公司所运营的,也具有一样的风险。因为该破产船公司所属或运营的船舶会被相关利益方在所属地提起诉讼,由当地法院扣押船舶及其集装箱等财产直至纠纷解决,那该船舶上其他合作船公司的集装箱也会受到牵连而影响正常的交货期。

除了上述能及时采取的操作之外,由于码头与船公司的结算一般是 1～3 个月，因此码头作为船公司的大债权人之一，一般也会在后续对此船公司名下所有货柜采取扣押控管来争取自己的利益。货柜被码头扣押的情况主要有如下情况：

（1）货柜在起运港未装船，被起运港码头扣押。

（2）货柜在运输途中，被强制卸在中途港，被中转港码头扣押。

（3）货柜在目的港，被目的港码头扣押。

（4）使用其他船东的服务，但装的是破产船东的船所产生的上述扣押。

对于起运港或者目的港所产生的扣押，一般码头会公布"提柜押金、赎金"的提柜公告和流程。按照码头公告，结合当地港口操作模式，一般都可顺利办理。而对于使用其他船东的服务，但船舶是破产船东营运所产生的扣押，一般当事船东也会出面安排解决。

令货主或者货代棘手的是，货柜在运输途中，被强制卸在中途，货柜被中途码头扣押了，要如何操作呢？如遇船公司破产，虽说货主可就遭受的损失对该船公司提起诉讼，并参加随后的破产财产债权分配，但此类诉讼一般要费时许久，最终能取得补偿的寥寥无几。为了稳定客户、保持长期的生意关系、回收货款等，货主往往会自费请货代协助处理被扣押在第三地港口的货柜，视贸易合同、时效、成本等因素再决定是要将货柜安排至原目的港、安排退回原起运港，还是就地弃货。

此时货代公司要做的是：

（1）联系中转港的海外代理，无直接代理的货代可请求有代理的同行协助。

（2）了解当地码头对所扣押货柜的公告，如相关押金、码头堆存费、充电费等。

（3）提供相关信息（原始提单、清单发票、装柜图片等）给代理，用于确认当地提柜、倒柜、再出口的杂费，以及再次发往最终目的港的运费，或者退回原起运港的运费。

（4）将相关费用整理报给货主，由货主衡量比较涉案货值以及所需中转的成本，从而确认是否安排转运。

如果货主确认转运，即将货柜以代理的名义办理中途港的进口手续，在该地保税区进行换柜，办理再出口等手续，其程序如下：

（1）原出口提单的改单。船东提单上的收货人需更改为代理的信息，原提单安排电放。（如原出口提单已签发正本，需及时将正本送回签发地进行改单。）

（2）代理凭更改后的新提单，在中转港换提货单，交码头押金，进口报关，预订二程船舱位。

（3）代理安排进保税区倒柜，出口报关。

（4）空柜退还码头，取回押金。

（5）出口装船，另行签发一份从中途港至最终目的港的提单。

以上转运的操作，需要及时处理，因为：

（1）码头对所扣押的货柜允许押金提领是有一定时限的，超过时限会被强制拍卖或另加费用。

（2）码头堆存费、充电费等费用与日俱增。

（3）相关原始提单的更改以及中转港的进口放单，都需原船东客服人员处理。而船东在破产信息发布后，一般只会保留少数人员留守办公处理后续文件，一定时间后，整个站点就会关闭，如果再想改单等也无人办理了。

在这种突发事件中，有健全海外代理网络的国际性货代公司的优势就突显出来，那些没有国际网络的本土货代企业根本无法帮助货主进行中途港提货转运等复杂操作。

　　律师建议：遇到船公司破产倒闭的悲剧性突发事件，受伤最重的当属无辜的货主及其代理公司。在遇到码头、堆场等利益相关方留置货物时，货主是可以凭持有运单、提单等能证明货物所有权的单证向所在地的海事法院申请强制令，责令码头等利益相关方放货。但申请强制令比较麻烦，耗时费力，为了让货主能及时提取货物，减少损失，建议先支付码头等利益相关方有关费用或提供保证，先提货，事后再向承运人追偿。

第 5 节　信用对航运物流企业的重要作用

　　诚信是中华民族的传统美德，是中国道德文化的核心理念，从古至今就流传了诸如"尾生抱柱""季布一诺千金""韩信千金报饭恩"等脍炙人口的传说，近代又有"王永庆卖米""李嘉诚诚信经营"等广为传颂的故事，这些都形象地向世人展示了中华民族诚实守信的优秀品质。

　　令人叹惜的是，经过"文化大革命"十年浩劫，中华民族延续几千年的传统美德受到严重破坏，致使整个社会信用缺失的现象频频发生。改革开放初期，一些企业和个人为了尽快脱贫致富，采取了一些不正当的手段，社会上违法乱纪、不守信用、不讲诚信、企业三角债纠纷及拖欠员工，特别是拖欠农民工工资的现象屡有发生，影响了经济社会的健康发展，扰乱了人民群众的美好生活。

党的"十八大"以来,党和国家领导人非常重视社会信用体系的建设,要求充分运用信用激励和约束手段,建立跨地区、跨部门、跨领域联合激励和惩戒机制;加大对诚实守信主体的激励和对严重失信主体的惩戒力度,形成褒扬诚信、惩戒失信的制度机制和社会风尚。对突出的诚信缺失问题,既要抓紧建立覆盖全社会的征信系统,又要完善守法诚信褒奖机制和违法失信惩戒机制,使人不敢失信、不能失信。党的"十九大"进一步强调,转变政府职能,深化简政放权,创新监督方式,增强政府公信力和执行力,建设人民满意的服务型政府;推进诚信建设和志愿服务制度化,强化社会责任意识、规则意识、奉献意识;健全环保信用评价、信息强制性披露、严惩重罚等制度。

为此,2014 年 6 月,国务院发布了《社会信用体系建设规划纲要(2014—2020)》。这是我国首部国家级社会信用体系建设专项规划,规范明确了我国社会信用体系建设的方向、重点领域和关键举措。随后,2015 年 6 月 24 日,国务院办公厅印发《关于运用大数据加强对市场主体服务和监管的若干意见》;2016 年,国务院先后印发了《关于加强政务诚信建设的指导意见》《关于加强个人诚信体系建设的指导意见》等文件。国家发改委等九部门发布了《关于全面加强电子商务领域诚信建设的指导意见》等。国家有关部门在 30 多个领域签署了失信惩戒备忘录或守信联合激励备忘录,制定了 100 多条惩戒和激励措施。比如:对失信者依法限制出境、限制购买机票和高铁动车票、限制政府采购、限制申请政府资金、限制担任董监事等;为守信者建立行政审批"绿色通道"、优先提供公共服务便利、优化行政监管安排、降低市场交易成本等。这些举措的目的就是为了增加失信成本,让守信者受益。

2018 年 6 月 6 日,国务院常务会议进一步强调要完善社会信用体系,以诚信立身兴业。要围绕优化营商环境、加快构建以信用为核心的监管机制,推广告知承诺制。要加快完善黑名单制度,强化信用约束。要坚决守住信息安全底线,保护商业秘密和个人隐私。要加快推进重点民生领域信用体系建设,增进人民福祉。要引导社会力量参与信用建设,发展第三方征信服务。要强化政府部门的诚信建设。

按照国家社会信用体系建设的总体要求,各行业主管部门积极推进本行业的信用体系建设工作,并允许社会民间组织参与这项工作。信用的市场需求已从传统的金融市场,拓展到非金融市场领域,带动征信业从专业化的金融征信向社会化征信发展。

根据国务院印发的《征信业管理条例》的规定,我国征信市场构成包括金融信用信息基础数据库和社会征信机构,其中社会征信机构还可分为个人征信机构和企业征信机构。自2006年中国人民银行征信中心运营管理的金融信用信息基础数据库建成并在全国联网运行以来,经过十多年的发展,已成为世界上规模最大、收录人数最多、收集信贷信息最全、覆盖范围和使用最广的征信数据库,在识别、防范和化解传统金融机构信贷风险方面发挥了重要作用。

而企业征信机构,由于市场化才刚刚起步,水平参差不齐,大部分仍呈现较明显的"散、小、多、弱"的特征,面对业已存在的征信市场需求,无法提供有效的市场供给,征信功能尚未完全实现,潜力有待挖掘。多数企业征信机构没有信贷类信息,没有形成自有的核心数据库。鱼目混珠的现状让使用的企业和个人无所适从,不知选择哪个机构查询才能获得权威、准确、全面的数据。因此,国家和地方政府应该加大扶持力度,在全国范围内推出几家像国际知名征信企业SGS和邓白氏这样的中国国内著名征信品牌，企业通过这些机构的评级后，政府应给予重点关注，加大政策倾斜力度；金融机构能够采用机构的评级结果，然后在发放贷款、融资等方面给予方便和优惠；港航相关单位在企业日常经营中对通过评级的单位给予各种优惠等。通过以上措施，为企业建造一个降本增效的良好营商环境。

航运物流业特别是国际物流货代企业，要为全球的客户提供遍布世界的物流、货运代理服务，其中除了极少数"巨无霸"的国际性物流企业拥有自己的全球网络以外，大部分的物流货代企业是靠自己建立的全球代理网络系统来为客户提供全面、细致、周到、安心的物流货代服务，此时信用的价值就显得尤为重要。但是近三十年，我国航运物流业虽已取得长足的发展，跻身世界先进行列，但行业缺乏与之匹配的信用体系、服务标准、操作标准，也缺乏社会协同化的意愿和动力，具体表现在：航运物流业组织化、标准化程度依然较低，行业数据交付严重不足，行业信用程度仍然有待提高，市场主体"小、散、乱"现象依旧突出，许多企业信用意识不强、经营管理不规范，物流安全问题、物流信用缺失现象时有发生，这在一定程度上影响了航运物流业的健康和可持续发展。

要想促进航运物流业健康发展，关键就是要解决信用问题。何为信用？《牛津法律大辞典》对"信用（Credit）"这个词条的解释为："指在得到或提供货物或服务后并不立即而是允诺在将来付给报酬的做法。"而华瀚（上海）数据科技股份有限公司董事总裁蔡远游先生则认为："信用是一种意愿和能力，意愿表明的是您的主观态度，是您对一种承诺按约定给予兑现的主观态度；而能力则是在主观意愿下可以采取行动兑现允诺的保障，二者缺一不可。"

👁 案例

　　为了建立健全物流业信用体系,有效约束和规范企业的经营行为,营造公平竞争、诚信经营的市场环境,降低社会物流成本,提高物流效率,更好地促进物流业转型升级,从 2015 年 9 月至今,由厦门市物流办、市交通运输局指导和推动,市现代物流业商会和第 E 物流大数据平台承接的物流产业监测运行平台项目开展顺利,并获得了福建省交通运输厅的认可,被列入年度科技重点项目。依托该平台,厦门市几家重要航运物流货代行业商协会联合组建了厦门市物流企业信用等级评价办公室,建立了厦门市物流企业信用评价体系,并开展物流企业信用等级评价,厦门市人民政府推动现代物流业发展的扶持政策将把开展企业信用评级纳入奖励范畴。据 2018 年 6 月 5 日《中国改革报》发表的专题报道《厦门自贸区:"信用三公示"构建四位一体监管新格局》,对福建自贸区厦门片区将审批告知承诺公示、第三方信用评价公示、市场主体自我承诺公示有机结合,构建政府监管、行业自治、企业自律、社会共管共治的"四位一体"监管新格局给予高度肯定并在全国范围内加以推广。

　　综上所述,航运物流企业要顺应国家信用体系建设的大趋势,加强自家企业的诚信经营。管理学大师彼得·德鲁克指出:"企业诚信作为企业核心价值观是万古长存的,它是企业文化与企业核心竞争力的基石。"在现代经济社会中,诚信不仅是一种道德规范,也是能够为企业带来经济效益的重要资源,在一定程度上甚至比物质资源和人力资源更为重要。通用电气公司在给其股东的一封信中首先讲的就是企业诚信问题："诚信是我们价值观中最重要的一点。诚信意味着永远遵循法律的精神。但是,诚信也不远远只是个法律问题,它是我们一切关系的核心。"企业创始人和领导者要把塑造和坚持企业诚信作为企业文化的核心价值观,使之对形成支撑企业健康发展的独特文化特征,推动企业从优秀迈向卓越具有巨大的促进作用。企业对外诚实守信,就能形成巨大的吸引力,从而不断赢得创业和发展的机遇,其信誉度就会不断提高。只有坚持做到"内诚外信"的企业,才能拥有更多的合作客户,并与其建立"共生共赢"的合作关系。而一个失信的企业只能搬起石头砸自己的脚,最终在未来市场竞争中被淘汰。

另外,企业在做好自身诚信建设的同时,还要积极参加社会有权威性的第三方企业信用评级机构的评级活动,取得相关权威资质证书来提升自家企业的形象,让国内外的合作伙伴和客户放心、安心,同时在行业内起到树立标杆,营造诚信发展氛围的作用。

人无信而不立,企业无信而不达。诚信是企业的立身之本、兴业之道。作为企业信誉的基石,诚信是企业宝贵的精神财富和价值资源,它不仅是道德规范,也是能够为企业带来经济效益的重要资源。希望所有企业领导者、管理者都明白信用对自身企业的重要作用,共同营造诚信经营、重视信用形象、珍惜信用荣誉的氛围,为航运物流业的健康有序发展做出自己应有的贡献。

第6节　航运物流企业应借助商协会的平台助力企业的发展

商协会是在政府主管部门(民政局)领导下的协调组织,也是行业企业根据行业发展的需要,自行组织起来的自我管理、自我服务的组织。商协会的基本功能是由其社会地位决定的,即协调和服务。具体来说,商协会有如下几项功能:

协调功能——商协会依据国家的政策、法规协调企业的生产经营活动,维持行业正常的生产经营秩序,规范行业和企业的经营行为,制定行业标准,维护国家、行业、企业的利益;

服务功能——建立社会化服务体系,向企业提供政策、信息、法律、咨询、培训和公关等多方面的优质服务;

纽带功能——商协会成为沟通企业和政府间双向联系的纽带,向企业传达政府的宏观政策和方针,向政府反映企业的需求和建议;

政策导向功能——商协会凭借其"领袖众商"的地位,为企业提供政策导向的思路,引导企业从社会经济发展的需要出发,积极配合并执行国家的产业政策;

自律功能——商协会凭借新型"商人自制"社会机制的枢纽地位,要求会员企业加强学习,促进行业文化建设,制定行规行约,建立完备的规章制度,提倡职业道德、诚信经营,形成良好的团队风格和精神,塑造公认的行业形象,奠定良好的社会地位;

维权功能——商协会站在会员企业的立场,以反映企业的愿望和需求为己任，通过对微观经济领域情况的了解，积极向政府有关部门反映行业的需求和意见，以争取更好的外部营商环境，获得政府对企业发展更好的政策支持，实现企业与政府的共同利益结合点，为营造和谐社会做贡献。

如前所述，商协会的作用就是以会员企业的整体利益为工作基点，代表企业的愿望和需求，依法保护企业的利益，保证企业正常生产经营。

从商协会的类型上看，商协会大致分为两类：一是行业性商协会，一是地域性商协会。行业性商协会注重的是"业缘"，地域性商协会注重的是"地缘"。

其中航运物流货代业的行业性协会又分为：政府行业主管部门指导下的、官方色彩比较浓厚的行业协会，如：中国物流与采购联合会、中国道路运输协会、中国国际货运代理协会、中国仓储与配送协会、中国服务贸易协会、中国船东协会、中国船舶代理及无船承运人协会等；地方行业协会，如：各地国际货运代理协会、物流协会、现代物流业商会等；国际性货运代理联盟，如 WCA、SFN、C7 等；由各主要口岸物流行业领先企业组建的俱乐部形式的精英组织，如中航运物流俱乐部、各地物流经理人俱乐部等。

地域性商会又分为本地商会和异地商会。比如"北京河北企业商会""北京山西企业商会""北京安徽企业商会"等，就是那些远离故土在京创业的各地商人之家。例如，阿里巴巴集团董事局主席马云当选首届浙商总会会长；新希望集团董事长刘永好当选首届四川省川商总会会长；北京陕西企业商会的成员有：万通集团董事长冯仑、搜狐 CEO 张朝阳、爱国者总裁冯军等；北京湖北企业商会的成员有：泰康人寿董事长陈东升、居然之家总裁汪林朋、小米科技董事长雷军、湘鄂情董事长孟凯、奇虎 360 董事长周鸿祎等；北京广西企业商会的成员有：阳光 100 集团董事长易小迪、搜房董事长莫天全、纽曼公司总裁唐未德等；北京四川企业商会成员有：眉州东坡集团董事长王刚、好利来集团总裁罗红等；此外，中坤董事长黄怒波曾担任过北京宁夏企业商会会长；第十届全国工商联副主席、新华联集团总裁傅军曾担任过北京湖南企业商会会长；等等。

古有晋商"守信不欺"、徽商"信义为先"、鲁商"敦厚质朴"、粤商"冒险犯难"、闽商"积极进取"等商帮文化，如今地域性商会传承并革新了旧商帮文化，形成了新时代商帮文化。而行业商会会员在一起，具有价值"共识"和文化上的"认同"，黏性极高。不同的行业虽具有不同的特色和魅力，但行业文化延绵不绝，历久弥新。

行业性商协会"重业不重籍（籍贯出身）"和地域性商协会"重籍不重业（行业）"并不是一成不变的，如果"地缘"加上"业缘"，就会变成"合作伙伴""专业市场""产业集群"。例如：成立于 1901 年的温州商会（本地商会），成立了服装、眼镜、纺织品、家具、合成革等 25 个直属行业商会；北京福建总商会（异地商会）先后成立了茶业、纺织服饰、水产农特产、食品调味品、木业家具、文化创意产业等行业商会；一些全国行业性商协会也在地方省市建有分会，使其成为行业商协会的省市分会。

进入新世纪以来，特别是中国加入 WTO 之后，面对着世界经济全球化的竞争，中国大陆地区的物流货代企业开始察觉到自身的渺小和薄弱。尤其是 2008 年由美国次贷危机引发的全球经济危机至今已有十年，世界经济仍举步维艰，整体复苏遥遥无期，近期爆发的中美贸易战更使形势雪上加霜。因此，广大的中国物流货代企业逐渐意识到单打独斗是无法在如此残酷的竞争环境中生存下去的，纷纷开始寻找合适的平台来实现"抱团取暖"、资源整合、优势互补、合作共赢的目的。可是面对如此名目众多,其中大部分是以发展会员,收取会费为目的而没有实质作为的商协会,许多企业主都在问:"我要加入什么样的商协会?""我加入这个商协会能得到什么好处?"

笔者根据多年参加航运物流货代商协会并在其中担任一定领导职务的体会,给企业主们以下的心得分享。

第一,依法成立的商协会作为企业和企业家的组织,是这个利益群体合法权益的"代言人",它具有社会组织的共同性,就是合法性、自主性、自律性和服务性。上联政府,下接企业,商协会通过密切分工与良性互动,以聚合的力量和社会的影响拓展了自己的话语空间,提供了新时期政商关系的解决方案。从单一企业的"政府主导、管理和企业依附"关系,到"合作、博弈和均衡"新型关系,商协会起到了桥梁、纽带和智囊的作用,成为企业的"娘家"、政府的助手。因此,航运物流业领导者应根据自身企业所处的地区,选择加入当地在行业内有影响力、有作为的商协会,获取社会身份、成长环境和学习动力,并借由"加入组织"增加自身企业的商誉、话语权、影响力,维护企业的合法权益。众所周知,物流货代企业一般都是"小、散、弱",但一旦加入了商协会,情形就大不一样。特别是当你有机会担任商会会长、副会长、秘书长、常务理事、理事、监事等职务,在你需要同官方打交道时,就能依托团体的力量而多了一份让官方重视的身份,而你的所求、你的维权举动,一旦通过商协会出面,其话语的分量就与你个体奔走呼吁大不一样。尤其是商协会还具有推荐有实力、有影响的企业家进政协、人大及各大民主党派参政议政的功能。你加入商协会,当了商协会的领导,就有了这种机会,而这恰恰是你提高自身社会地位,取得个人在国家政治生活中拥有一定话语权的最佳途径。

第二，增加人脉资源。做生意，首先得有人脉，得有关系。人脉就是最大的财富。凡成功的企业家都懂得人脉比金钱更重要，因此他们会把参加社交活动、结识更多的人、聚餐应酬等当作一项极其重要的工作，并且从结识的人中选定少数人进行长时间的感情投资，最终成为好朋友。其结果，这些朋友一定会在某一时期出手相助，助其成功。鉴此，同一商协会内的也许是同一地区的乡亲，也许是从事同一行业的同行，一旦加入商协会，就等于成了商协会交际圈内的人，交往、沟通更为便当通畅，只要你有心，很快就可以组建起对你有用的人脉关系网。有一项研究证明，你只要有 6 层朋友关系，就有办法同世界任何一个人取得联系。朋友的朋友，就是你的朋友，参加商协会等于为你打开一扇门，让你走向广阔的社会，融入集体的行列。这应是你建立人脉网络的一大捷径。有时你确实诸事繁忙，无法参加活动，你也可以让你的核心团队成员参加活动，让他们增加见识、广交朋友，这也是企业帮助员工成长获得价值的途径之一。但凡事一定要水到渠成，切忌急功近利，动机不纯反而会引起副作用。

第三，商协会都会聘请行业有经验的律师团队为会员企业提供法律服务，帮助会员维护合法权益，提高会员企业在市场经济中自我保护的法律意识，为会员提供法律咨询、法律代理事宜等服务。

第四，商协会拥有丰富的信息渠道。当今是信息社会，做生意需要及时掌握政策信息、投资信息、项目信息、产销信息、价格信息等。如能提前把握宏观经济走势、宏观调控政策的变化、市场的走向以及投资风险的警示，至少会增加投资兴业的保险系数。有时候，一个有用的商业信息或偶遇的商机，往往产生于众人不经意的交谈之中。如果在商协会的活动中你能敏锐觉察,并提前行动,把握商机,就有可能比别人更早分到市场的"一杯羹"。而商协会作为一个商人的团体组织,它所拥有的平台,使之成为沟通渠道和信息的汇聚地,其信息量远比个别商家能够提供的多得多。参加商协会不仅可以获得商协会秘书处提供的商业信息,可以得到免费的产品宣传服务及其他服务,还可以通过会员通讯录随时寻找合作伙伴,其他会员也会经常介绍许多对口生意。另外,从政府部门、同行经营者中获取来的各种信息,对丰富知识、开阔眼界、拓展思路将会有很大的帮助。

第五,商协会是企业及个人的宣传窗口。一个人在社会上必须有声誉,一个企业在社会上也必须有信誉。而声誉和信誉的获得,除依靠个人日积月累的为人行事,靠企业自身的宣传、其产品或服务质量、售后服务等赢取外,如果加入商协会,依托商协会的网站、刊物、会议以及活动场合的宣传,就会取得花钱少收效大的宣传效果。也许有人说:"我不是什么人物,生意也做得不大,宣传不宣传无所谓。"或许还有些商人甚至企业家向来低调,不大乐意张扬。不过依我之见,生意做到一定程度,要想扩大产品或服务的影响、提高企业的知名度,对外宣传尤为重要。不能把宣传看成个人好出风头,实际上宣传的最终目的是为了把生意做大,为了赚更多钱来使股东获利、使员工满意,进而回报社会。个人的声望与生意的红火程度往往是相辅相成、相得益彰的,否则,就不会有那么多企业不惜耗费巨资在媒体上打广告了。

第六,商协会还是企业的求助平台。一个人不管多么成功,也都会有求人的时刻;一个企业不管运营得多么顺当,也会遇到突发事件或靠自身能耐无法排解的难题,需要借助外脑、外力来解决。更何况物流货代行业多是实力还相对弱小的中小企业,在创业或生意拓展的初期阶段,势必要不时求助他人。加入商协会,你就有了一个诉求平台,可以借助商协会业已建立起来的各种关系、渠道和商协会内其他政府企业界人士拥有的公共关系资源,帮你协调甚至解决你在经商过程中遇到的寻求土地、项目、资金、产品销路等问题乃至种种维权事项。

第七,商协会还能为企业提供培训服务。积极作为的商协会会经常安排会员企业参加各类讲座、培训班,积极组织会员企业参加各类学习考察、经验介绍、体育运动和联谊交流等活动,全方面地提高会员企业及员工的综合素质和企业管理能力,为会员企业健康快速发展奠定了坚实的基础,也从另一方面解决了本行业企业因小、散、弱的特点而无法有效组织员工培训的通病。

综上所述,只要企业能善于利用合适的商协会的平台,可以得到诸多好处,特别是当遇到难题时,在会与否就大不一样了。当然,应当明白的是,你不能期望商协会惠及每个会员,这就如同买保险一样,买的是放心,没出事,就不能认为我白交了保险费。可万一出事了,又该如何?所以交点会费是应该的。更何况一般商协会的经费都是会长和副会长出大头,即使是有实力的企业家多出钱,支持了商协会,也等于帮助了企业界的乡亲,资助了弱势群体,也是理所应当的回报社会的义举。

◉ 延伸阅读

高健淇.商会论语.(2018-04-16).微信公众号 gh_c7b924f167d9.

王守元.企业为什么要加入商协会?[EB/OL].中国中小商业企业协会.[2016-09-13].www.weipian.cn/61gzzhx? from＝timeline.

§ 附 录 §

培训问答集锦

一、在校学生职业生涯规划篇

1.问：黄老师，您好！请问学生毕业后怎样才能找到专业对口的工作？

答：这是个好问题，因为每个人都希望自己辛辛苦苦在大专院校学了三四年之后，能找一份跟所学专业对口的工作，否则觉得学无所用太可惜了，也不甘心。但我要坦率地告诉大家，大专院校毕业之后能从事本专业的幸运儿并不多。就像本人，大学本科学的是环境工程空调制冷专业，现在却在航运物流业工作。其实我认为，大学主要培养的是逻辑思维、分析判断、总结归纳等能力，还有最重要的终身学习的能力。进入职场之后，你们可以利用上述这些基本素质，根据工作岗位的实际需要去学习、去提升，这样就能很快胜任大部分的工作，而不必考虑专业对口的问题，那样反而会失去更多的选择和机会。所以，我的结论是：目前社会上提供的大部分工作岗位对于大专院校毕业生来说，都是专业对口的岗位。

2.问：老师，您好！请问，我怎样发现哪些是自己感兴趣的工作而去求职呢？

答：你好。建议先根据自己的兴趣和性格特点决定今后要从事什么行业，然后再从该行业中选择一些优质企业去投简历。考核一家企业是否为行业优质企业的标准：（1）企业有没有给予员工足够的学习进步的空间；（2）检视公司能不能在激烈竞争的市场中存活下来；（3）该企业组织文化是否符合你的价值观并值得你持续奉献。

3.问：老师，您好！请问优质的职场人应具备哪些特点？哪些是您认为最重要的呢？

答：你好！就像我刚才在培训课件中提到的，优秀的职场人应具备：忠诚、爱岗敬业、责任、积极主动、终身学习、高效、团队精神、沟通协调、低调务实、诚信、坚持、追求卓越结果、感恩等性格特点，其中我认为最重要的是——责任、沟通和学习。

4.问：老师，您好！职场上遇到上级给自己"穿小鞋"，我该怎么办？

答：这是个好问题。不过，我想请你首先先分析清楚"穿小鞋"的定义，因为师傅或上级跟你无冤无仇，怎么可能为难一个职场新人呢？如果是恨铁不成钢而对你严格要求反被你误解成刁难，那你应该要感谢上天给你分配一个难得的好师傅！其次，是不是你小题大做，把职场上正常的游戏规则当作师傅或上级对你的冷眼看待？因为你从家庭到学校都生活在相对安逸的舒适圈里，一到竞争激烈的职场，凡事都是公事公办，这会让你不适应，甚至误以为是上级或师傅给你"小鞋"穿。我想告诉你们的是，世界上没有不委屈的工作，刘若英和金城武在出名之前，在师傅陈升的工作室工作是要负责打扫卫生甚至洗厕所的。在职场上，大家都是平等的，没有人可以享受特殊的待遇，何况你还是新人。所以，心态要摆正，服务好师傅和上级，让他们觉得你是贴心的"小棉袄"，这时，你再看还有人对你冷眼相看吗？退一万步讲，如果你真的不幸遇到了蛮横刁钻的上级或师傅，经过一段时间努力确实无法相处融洽，建议你可以向上一级主管报告，请求调换部门，问题应该就会迎刃而解了。

5.问:老师,您好! 请问怎样的员工最受企业欢迎?

答:你好! 有以下表现的员工一定会得到上级的欣赏而成为企业重点培训的储备干部:(1)让上级放心,凡事主动报告,有问必答;(2)让上级轻松,了解上级的特点,成为上级的贴心助手;(3)让上级安心,工作踏实,对公司忠诚;(4)让上级满意,服从领导,毫无怨言;(5)让上级认可,表现突出,做事高效,效果显著;(6)帮上级进步,上级提升了,你就有更多机会了!

6.问:老师,您好! 您怎么看待年轻人创业呢?

答:你好! 这是我非常想和年轻人探讨的问题。首先,我不反对年轻人创业,我非常理解年轻人想自己当老板,无拘无束地做自己想做的事情的梦想。我只想提醒你们,创业的成功率只有不到5%,你们不要被外界宣传的所谓创业成功案例给刺激得热血沸腾而迷失了正确的判断力。所以,我请大家创业前思考以下几个问题:

首先,你们创业的方向是什么。如果只是冲动地想开个咖啡厅、面包店、饮料铺等没有任何技术含量和附加价值的项目,我劝你们还是早点收手,因为在这种简单的,没有任何门槛的项目中,你认为自己有什么核心竞争力能在激烈的市场竞争中生存下来进而蓬勃发展呢? 到头来,你们只是为店铺的业主和装修公司打工而已! 想创业,要先找到能为社会创造附加价值的项目。

其次,你们创业的资金从哪里来。如果有天使投资或自己的积蓄,我不反对你们尝试一下。但如果都是找父母要钱,我强烈反对! 因为,创业的成功率不足5%,大部分的创业尝试都会以失败告终,那你父母辛苦一辈子的血汗钱被你短期内挥霍一空,养老怎么办? 你会过得心安理得吗?

最后,要有面对失败的心理准备。创业失败是个大概率事件,当创业失败时,要理性面对,重新选择就业,找一份工作好好努力来养活自己,至少不要给社会或家庭增添压力。不要输不起,就此萎靡不振做"啃老族",甚至做出一些伤害社会、伤害父母的过激行为!

二、职场新人适应工作篇

1.问:老师,您好!我入职不久后发现所从事的工作不是我想要的工作,我应该怎么办?

答:你好!职场新人常常会有"无法做想做的工作""无法发挥自己才能""无法受惠于上级""工资收入和工作强度相比不成比例"等的想法,从而陷入迷茫,甚至产生退意。迷茫是因为对自己手上的工作不满意,认为不理想,但自己又说不清楚理想在哪里,结果就不用心去做手头的工作,整天追求一些不切实际的目标,具体表现为:

第一种是"闭眼"迷茫,就是关起门来活在自己的世界里面,什么都看不见,没有任何方向和目标。第二种是"开眼"迷茫,觉得周围好像都是机会,什么都想做,结果搞晕了自己,什么都做不好,越来越迷茫。现在我问你:你已经把目前的工作做到极致了吗?如果没有,建议你先将目前需要做的事当作最理想的工作尽力做到最好,在这个努力的过程中可能你就会慢慢地爱上这份工作。其次,用欢喜的心态去做需要做的事,拥有一份工作就要懂得感恩,心态变了,一切就豁然开朗了。

2.问:黄老师,您好!我对目前的工作不满意想跳槽,怎么办?

答:我从1989年大学毕业到2002年加入世邦国际企业集团一共经历了八家公司,所以,我是鼓励人才流动的,关键是你的流动是不是一条向斜上方发展的成长曲线。如果你只是因为三五百的收入差异或是因为跟同事的关系相处得不愉快而想辞职,我建议你要慎重。你想想,假如不提高自己的情商,你在当下的公司跟同事相处不愉快,换了公司后就没有人际关系的问题了吗?

跳槽有四个原则:(1)明确目的,知道身价;(2)每一次跳槽都是向斜上方的爬坡成长;(3)好聚好散,给老东家留下美好的评定和印象,好的口碑会为你今后的职业生涯打开一条宽阔大道;(4)年纪越大越应该谨慎和万全,成家立业后就更不要瞎折腾了!

因此跳槽前,我请你冷静地思考:在目前的岗位是否已做到最好?有没有新东西可以学习?你的工作目的是什么?你想从事的工作内容是什么?你想要的工作环境是怎样?你想要实现什么样的人生价值?如果有明确的答案而目前的公司无法满足你的追求,那可以选择更换跑道。

3.问:老师,您好!您认为在一个行业待多久才能小有成就呢?

答:你好。哈佛大学做过一项科学研究,做好一件事情需要一万小时的练习,比如小提琴想拉得不错、钢琴想弹得不错,至少需要一万小时的练习,这就是"一万小时定律",跟古人所说的"十年磨一剑"有异曲同工之妙。

有个关于成功的"大树理论",即:要有时间的积累;要屹立不动,坚定信念、专注内功、终成正果;要有根基,不断学习、充实自己,才能基业长青;要不断向上发展才有更大的空间;一定要树立正确的职场观念,确定合理可行并具有挑战性的目标,并为之努力奋斗。

4.问:黄老师,您好!您对成功是怎么定义的?

答:感谢你的好问题,这是大家都比较关注的。在当今社会里,大家普遍用赚多少钱、开什么车、住什么房来衡量一个人是否成功,我并不反对用经济指标来衡量一个人是否成功,但我反对将经济指标作为唯一的标准。

香港中文大学校长沈祖尧先生说:成功就是——你会是个爱家庭、重朋友,而且是关心自己健康的人。你不会在意社会能给你什么,但会十分重视你能为社会出什么力。

北京大学陈春花教授认为:成功就是一系列的努力与进步,只要因为你,一切都变得更美好;只要因为你,周遭的人与事都变得更加进步;只要因为你,每天都有成长的痕迹。

本人认为:成功就是周围的人因为你的存在而感到骄傲和自豪!

5.问:老师,您好! 请问怎样保持终身学习、热爱阅读的好习惯呢?

答:你好! 终身学习是我一再强调的成为一个优秀职场人的必要条件之一。近三十年,由于对应试教育的深恶痛绝,大多数的中国人在离开校园之后基本上就远离书本了,这真的是一个令人非常痛心的现状,长此以往,国家及民族的前途堪忧。相信这就是政府倡导"全民阅读"的良苦用心吧。

暂且不说在学校学的知识到职场是否还能发挥作用,即使你专业对口、学以致用,在当今知识大爆炸的时代,如果不保持与时俱进终身学习的良好习惯,你所学的知识和理论,相信在五年之后也会过时或被淘汰。所以我提倡终身学习、喜欢阅读、乐于写作的良好生活习惯。请记住,成人的学习是快乐的。首先,我们读书不再是为了应付考试,而是为了提高自身的素质、加强职场的技能、陶冶个人的情操,这样的学习是有目的、有方向的,而且效果是立竿见影的。其次,你不要有通读一篇文章或一本巨著的压力。拿到一本书、一篇文章,可以先略读大纲或摘要,待发现精彩部分再通读或精读。最后,可以利用碎片时间来阅读,等车、出差、休闲甚至茶余饭后,只要有空,信手拿起身旁的一本书就看,看到精彩的部分建议用笔画下来或直接摘录在电脑、手机或笔记本里,方便日后思考和整理。如果能够把阅读后的收获转化成认知和行动并和他人一起分享,那你的人生一定是越来越美好的!

三、公司管理者领导能力提升篇

1.问:老师,您好!我大学毕业后到公司工作,经过两年努力,得到提升,现带领一个团队,业绩一直很好,领导也很器重,但每次团队会议,比我年龄大一轮非科班出身的同级主管总是很不屑于我的升任及工作,每次领导主持的主管人员汇报会议上,当我作"高、精、深"的数据分析报告时,那些元老级主管总是要么不听,要么频繁地打断我的话。我该怎么办?

答:对这类员工的行为可以理解,因为他们资历深,经验丰富,这类老员工的价值观是通过脚踏实地努力干活一级一级往上晋升,对于新时代不论资排辈的"新型用人观"还不适应。也许他们出于对公司的爱护,对于领导者一下子把重要事情、重大任务交付给刚刚大学毕业 2 年就升任主管的年轻人去完成还不放心,因此,作为小字辈主管的你,对于曾为公司做出贡献的元老级主管,应该以谦卑的态度,尊重他们,对他们说话多采用"敬语",平时低调处事,在他们和领导同时在一起的场合,应该主动向他们打招呼;在主管汇报会上,尽量以他们能够听懂的通俗语言来汇报你的所谓"高精深"的数据分析报告,不要让他们因为听不懂你的"高精深"语言表达而打断你。有可能的情况下,可以私下与这些元老级主管打成一片,在学习他们经验的同时,也教他们一些新的技术,互相促进提高。

2.问：老师，您好！对于那些试用三个月还无法满足公司要求的员工，您怎么发现有潜质的员工，特别是业务新人继续延长试用期而不是根据公司制度淘汰？

答：感谢您提了一个非常好的问题，这是我们企业管理中最常见的问题。淘汰试用期不达标的员工是公司管理的正常流程，但如果把一些有潜质只是还需时间培养的未来人才也淘汰了，这对企业来说是一个巨大的损失，同时也耗费了企业巨大的成本。

从成本最小化的角度出发，我建议贵司充分利用每年3—6月的应届生实习季到大专院校广招学生来公司实习，这样公司只要付较低的成本，就能通过三个月的观察把有潜质的学生留下来；另一方面，通过三个月在操作部门的实习，实习生掌握了相关的行业基本知识，毕业后就可以直接到业务部门来上班了。

新人到业务部门来上班，"打黄页""扫楼"是必经的锻炼过程，但事先应做好基本功的培训，可以安排资深业务精英来带他们（当然，对师傅和教练要有另外的奖励机制才能促使他们带好新人），而不是让他们自生自灭。我们招员工进来的本意就是要留员工为我所用，淘汰率太高，对公司不是好事，成本太大。

经过三个月的试用，对于未达标的新人，我们要分析他们未达标的原因，如果是无意愿、无能力，或者抗压性太差的新人，就应坚决淘汰。反之，如果态度端正，勤奋刻苦，每次都超额完成公司要求的电话销售、陌生拜访、访客报告数量，只是运气欠佳或机遇未到，就应该看准苗子再延长他们的试用期。这时候，成功案例的激励非常重要，要给他们机会去完成一两笔订单，让他们在做单的过程中积累经验和信心。我相信再过三个月,这样的新人会崭露头角,而且这样的新人成才后会感激公司的培养,对公司也会相对忠诚和稳定。

3.问:老师,您好! 怎么样激励"富二代"的员工全身心地投入工作?

答:你好! 这是一个管理者经常讨论的话题。我经常向身边的企业管理者(特别是海外的)说明,中国改革开放40年后,大部分人尤其是沿海城市的居民基本都过上了小康生活,从某种程度上来说,在沿海城市出生的"90后"、"00后"的孩子基本上都是"富二代"。管理者如果再简单地用经济手段来激励这些员工,效果会非常不理想。这一代年轻人充满平等精神,更看重的是能力而不是等级制度,他们只忠于自己的事业、自己的职业发展。这时,管理者就不能再靠权利、职位对员工"施压",而无论是组织还是管理层,只能选择通过无条件的责任感、正直、谦逊、沟通、协商和关系来领导他人;靠展示称职的认知和技术能力证明自己有能力履行管理职能,如选贤任能、分配工作、提供环境等;真诚地尊重员工,成为新一代的偶像,靠魅力"粘住"员工,而非"掌控"员工,努力让年轻人像创始人(合伙人)一样地投入工作!

对于一些没经济压力而有才华的年轻人,我会真诚地和他们交流。中国人有句俗话:穷不过三代,富不过三代。他们现在所拥有的财富其实都是父辈辛辛苦苦打拼积累下来的,难道他们愿意自家的金山银山在自己这一代消耗殆尽吗? 即使年轻人不能让父辈的事业(财富)在自己手上发扬光大,那至少也要证明自己拥有独立的人格来守护家族的事业(财富)。

我想伴随着互联网时代成长起来的新一代员工,金钱和职务已经不是吸引他们工作的最重要的理由,让工作变得有趣或许是一个不错的方式。在新时代的环境下,首先,管理者的主要工作要放在营造团结、友爱、互助、信任、和谐的氛围上,让工作变得有趣。其次,要确立经年轻人认可的宏大的团队愿景和目标,据此制定游戏规则让员工自愿参与进来。经理人要注意及时反馈信息并持续激励员工,而不是把员工招来后就放他们在一边自生自灭。最后,应"不拘一格降人才",对于那些确实优秀的年轻人要敢于破格提拔,充分发挥他们的积极性和主动性。这其实对那些故步自封的保守派、既得利益的顽固派何尝不是一种激励和督促呢?

我相信大部分的年轻人是有志气和良知的,经过我们的真诚沟通,他们是能接受我们的引导好好地投入工作的。此时作为管理者要记住:精神奖励的作用远远大于物质奖励!在他们做出成绩的时候要及时地给予肯定、表扬,让他们获得荣誉感和成就感。

4.问:老师,您好!我是一个刚晋升的主管,我发现整个团队(8~10人)只有我一个人非常努力地在奋斗,其他同事都只是做一天和尚敲一天钟。我应该怎样激励他们一起努力来追求团队的目标呢?

答:你好!这是新晋主管普遍遇到的问题。俗话说:新官上任三把火。你刚上任一定急于表现,希望在最短的时间内向上级、同级、下属证明自己是一个合格的主管。那为什么队员们不给力、不支持呢?

首先,身为主管要改变原来作为一个优秀员工的思维模式,考核一个主管是否合格的标准不是主管做了哪些事,而是你手下的人做了哪些事。你的价值有多少,并非取决于你做了些什么,而是取决于你的部属做了些什么。

其次,请问你给自己定的(或者是跟上级商定的)奋斗目标经过团队成员的一致认可了吗?新官上任,首先要在上级的认可下为自己的团队,利用 SMART 原则设立明确、可衡量、有时效性的、可实现的、具有挑战性的目标,然后让队员一致认同这个目标,并明确地告诉他们目标达成后,大家可以得到什么奖励(物质和精神两方面)。这时,队员就不会认为你的目标只是你为了个人加官晋爵的私利而设置的,相反,是值得团队成员共同奋斗、共同获利的追求,他们就会和你一条心地投入工作去实现目标。

最后,在奋斗的过程中,身为主管的你一定要关心队员,在团队取得一定进展时要舍得在物质和精神上给予一定的肯定和鼓励。目标达成后,身为主管最重要的任务就是要兑现承诺,记住:财散人聚,财聚人散。这样,你就能很好地在你的团队树立威信,成为一名部属愿意追随的主管。

5.问:老师,您好! 请问怎样带出一支高效的团队?

答:你好! 这个问题很大,基本上涵盖了管理的方方面面。我浓缩地总结为:第一,以身作则,你要想员工成为什么样的人,自己就要成为那种人的典范;第二,要把组织的目标明确地传达给每个成员,成为大家共同认可、一致努力的方向;第三,你要用欣赏的眼光去看成员的优点,用包容的心态去对待他们的缺点,只要这些缺点不足以阻碍你们团队的成功,就完全可以忽视,让员工发挥他们的优势和长处,从事他们最擅长的工作,从中获得最佳的体验和成就感;第四,身为团队领导,特别是公司经理,要致力于做好环境管理,营造团结、互信、互敬的工作环境,让员工快乐地工作并由此产生强烈的归属感和荣誉感。

请记住:经理人存在的意义是要研究如何把自己的知识、经验和才能转化为团队的绩效和产出,是要倾全力来帮助部属积极快乐、卓有成效、全力以赴地工作,让他们可以达到组织想要的目标。只有他们成功了,你才算是真正的成功。

6.问:老师,您好! 请问女性职场人如何做好家庭和事业的平衡?

答:你好! 这是一个很好的问题。由于我们从事的是服务行业,从业者中女性的比率远远高于男性,我一直很钦佩那些在我们这个行业做得非常出色的优秀女性精英,她们要取得事业上的成功要比男性付出更高的代价和更多的心血。俗话说:鱼与熊掌不可兼得。如果你能做到家庭和事业完全平衡、和谐共生,那我恭喜你,你真的好福气! 如果不能,我建议你要有所取舍,因为身为管理者,特别是分公司的经理或更高层的主管,为了一点家庭事务经常请假不在岗,换位思考一下,你的上级或同事对你会做何感想呢? 你可以服众吗? 我建议35~45岁的女性主管应寻求家庭的支持,在人生最精华的职业期间,争取演绎一场巾帼不让须眉的属于自己的精彩!

7.问:黄老师,您好! 我当主管也快十年了,感觉自己最近没有进步并且进入了倦怠期。请问怎么才能做到像您那样在世邦工作15年全年无休地忘我工作呢?

答:你好! 你说的职业倦怠期是职场一个常见的现象,并不是你自身独有的问题,因为目前大多数公司的组织结构是金字塔形的,越往上,人数越少,并不是每个职业经理人都能奋斗到塔尖才退休。当你在一个岗位待久了,工作简单重复又没有机会进步,就会出现彷徨和迷茫,这就是所谓的"经理人的十年危机"。

作为企业的领导者应该高度重视这个问题,因为这些经理人在公司的时间这么长,应该说对企业是认可的、是忠诚的、是宝贵的财富。他们只是希望能够有所突破,得到学习新知识、新技能的机会,想要升职或者将工作内容扩大化、丰富化,此时如果公司所提供的平台和环境不能满足他们的要求,或是没有及时发现他们的这种诉求并积极地为他们提供机会,这些老员工要么沉沦下去,失去斗志在公司混日子,要么就会离职去寻找可以满足他们需求的平台。因此我给企业领导者的建议是:一个管理者(或资深员工)在一个岗位不要超过三年,要经常轮岗,一是让他们离开目前的舒适圈,到一个新的岗位或新的领域,这样会给他们带来新鲜感,激发他们的激情,让他们重新全身心地投入工作;二是通过轮岗和进修,可以让这些骨干进一步提升自己的职业素质,迎接未来更大的挑战和机会。

至于一个职业经理人怎样才能做到忘我地工作,我想强调的是:一个优秀的职业经理人,首先应该是一个献身工作者,要有奥运选手的精神(求胜但不怕输、挑战极限),以工作为人生乐事,表现为严格的纪律、务实的创意、有生产力的偏执。当一个人以工作为人生快事,他在工作中就会享受快乐,此时工作应该比旅游、休假等更能让他感到愉悦。

8.问:老师,您好! 请问,公司发展到一定阶段后,要持续突破又没有足够的储备人才,该怎么办?

答:一个公司能走多远、能做多大,说穿了,就是看拥有多少人才! 从我个人的领导风格来讲,我是比较喜欢从内部培养人才的,让员工随着公司的发展而一起成长进步,是我致力追求的目标。如果能让员工在贵司上班达到经济和精神两方面的丰收,相信没有哪位员工会轻易离开这样的公司。所以,当贵司内部出现岗位空缺,可以先在内部予以公开招聘,为员工在公司内的发展提供一个机会和可能。同时,人力资源部应该不定时做员工职业生涯规划的调查,了解员工的想法,将有晋升意愿或有岗位调整倾向的员工列为重点关注的对象。当然,不要把鸭子赶到老鹰学校,这样既会累坏鸭子,也会拖垮老鹰。

如果你身边目前的干部都无法胜任贵司为未来发展所设置的岗位，那只好从外引进，但要事先和公司原有的干部讲清楚：公司是给他们机会了，是他们不珍惜或无法胜任，公司才不得不花巨资从外引进人才，请大家要配合好"空降"干部的工作。否则可能会引起一些矛盾和冲突，从而影响了公司健康稳定的发展。

9.问：老师，您好！应该怎样帮职场新人树立正确的从业价值观？

答：一般来说，职场新人很难说明清楚自己的价值观，有一个行之有效的办法可以模仿：让这位员工写下3个他钦佩的人的名字，然后让他在每个名字后面列出3种他最钦佩的品质（一共有9种品质），最后让他根据重要性将这9种品质排序，这样，就可以看出他的价值观。

作为管理者，你对公司的使命和价值观应该有个清晰且相对稳定的了解，而员工的职业目标和价值观相对不明确，会随着环境和心态的变化而不断调整。此时，领导者的工作重点就是协调员工与公司的使命和价值观。一家现代化企业不能指望企业的目标成为员工的唯一目标，员工和公司的目标只要在合同任期内一致即可，并不需要永远一致。而管理者的任务是创造出产生有才华的人的土壤和环境，尽量让核心员工的价值观逐步与企业的价值观契合，让他的目标与公司的目标趋于一致，任期尽可能长地持续。

10.问：老师，您好！请问怎样帮下属做好职业生涯规划？

答：帮助员工树立正确的职业价值观之后，就要帮员工做好职业生涯规划。如果新人通过一段时间的工作和观察，发现所在企业无法让自己成长，看不到发展的前景，也还是会选择离开的。所以，公司首先要有明确的晋升制度和透明的组织结构图。其次,中层管理者在自己追求进步的同时,也要注意通过经常性的一对一的交流沟通,比如"希望公司能给你什么"之类的问题,来了解员工的诉求及理想,然后协助他们规划职业生涯,帮他们找到职业发展的方向,让他们觉得在这里上班有学习成长、升迁的机会,进而激发他们认真工作的动力,从而把人才长久地留在组织里。

11.问:老师,您好!我们都知道培训的重要性,而且每次培训后,员工们也都很兴奋,好像很有收获的样子,可惜这种状态保持不到一个月,一切都回归原点。请问要怎么做才能保持培训效果的长久性?

答:你提的是企业培训中经常遇到的一个问题。企业培训的一个难点就是培训过后的一段短时间内好像还有点效果,但不久一切都打回原形。究其原因,这种"打鸡血"的精神状态是基于人们一时的情感爆发,如果后续过程中没有持续的反馈机制、没有合理的落地方案,激情退去后,就是一切打回原形的时候。因此建议管理者在培训后应做培训效果的跟踪,让每个员工都反馈自己经过培训后的心得和收获,然后根据老师的建议,结合自身特点制定标准化流程并加以改善和落实,这样培训的效果才能持久有效。

12.问:老师,您好!我目前在公司的开发技术部担任软件开发工程师,在工作中遇到以下问题想请教老师:

第一,公司接手的项目多元化,在完成项目过程中由于掌握的开发技术不全面,导致效率低下;

第二,项目人员需要外派,我属于外派人员,因此与开发团队成员之间不能很有效地进行需求沟通、实现技术对接,信息共享不到位;

第三,由于长期外派,与上级领导缺乏沟通;

第四,在与领导沟通的过程中,领导觉得我的思维能力、逻辑能力挺好,想让我当主管带领开发团队接手一个项目,但我感觉自己在业务知识、管理能力上尚有所不足,缺乏自信心。

答:结合我所讲授的课程,提供以下对策供你参考:

(1)利用工作外的时间学习相应的开发技术,提升自身的技能以及学习与项目相关的知识;

(2)利用现有的通讯沟通工具——远程会议,进行项目讨论,及时分享资源和技术信息;

(3)应该主动向上级领导反馈最近做了什么工作,结果如何,需要什么相应的支持;让上级领导充分了解你在团队中的工作绩效、工作能力,这样领导才会知人善任,对于你在公司的发展也有极大的好处;

(4)加强对公司业务的了解,积极与上级领导和开发人员沟通,提升自我能力,加强自信心,进行自我肯定,这样才能让领导放心让你带领项目团队,你才能在公司里得到晋升。

13.问:老师,您好!我是一家机械生产制造企业车间的基层管理者。俗话说"一入机械深似海",我就是典型的"机械男"。我升任车间主管已有两年时间,车间内部管理一般,基本绩效都能够达成,但是总觉得是在原地踏步,甚至倒退。公司的规模比较小,总经理白手起家,非常能吃苦,所以对任何事都要求很严格,在他眼里,我们这些基层管理者都没有达到他的目标要求。可是在日常工作中,各部门之间相互协作的机会非常少,公司的团队缺乏沟通和交流,所有订单都需要我们基层管理者去落实生产。一方面,车间5S、生产效率提高、生产成本降低、呆滞库存降低、质量目标、责费率等非常多的指标压得我们几乎喘不过气;另一方面,基层管理者没有明确的晋升通道,薪资主要根据销售额多少决定。这样日复一日,最终导致

我们基层管理者的工作激情慢慢被磨灭掉。老师,您对我目前的状况有何建议?

答:我们可以从你个人的角度和管理层的角度两个方面来谈:

(1)从个人角度:

A.我们都知道,在目前的经济形势下,你所在的小企业和其他中小企业一样都面临发展慢、融资难、盈利难、转型举步维艰的问题。你的总经理白手起家,自己非常能吃苦,对任何事都要求很严格,这一切都是为了企业的发展。作为基层主管,一定要站在老板的立场上换位思考,帮老板分忧解难,企业发展了,个人目标才能实现。同时要调整好心态,多主动与其他班组或部门的同事进行工作上的沟通与交流,减轻工作压力。

B.自身还要加强管理及专业技术水平的学习,人员管理、设备管理、物料管理等都需要系统性的学习和规划,每月按照进度去提高,提升自己各方面的能力。

C.多与上级领导层沟通,让中上层管理者能够了解目前基层管理岗位的现状与压力,工作上要多主动去听取建设性的意见,理清管理思路,从而更好地推进工作的实施。

(2)从管理层角度:

A.人力资源部应制定管理层详细的晋升通道,加强部门工作结果的比较、考核和监督,通过有效的激励机制,让基层员工以及基层管理者能通过有效的途径获得符合自身水平的薪资与福利,以此调动员工的工作主动性和积极性。

B.厂部应该要综合考虑各部门的沟通问题。由于沟通不够,各部门遇到问题时容易互相推诿,相互猜疑。应让各部门管理者多牵头召开沟通会议,加大培训力度,多组织活动等,以此来提高公司各部门的沟通,从而促进和保证团队的健康发展。

四、业务团队营销技巧篇

1.问：老师，您好！请问怎样和客户进行有效沟通？

答：你好！沟通就是双方在一种平和的情绪下做出的一些信息交换，它是职场最基本的技巧之一。对于业务团队来说，沟通技巧尤为重要。良好有效的沟通表现为：你能将复杂的事情用简单的语言阐述清楚；专心聆听，能让对方感觉遇上了知己；用的语言都是阳光、积极、鼓励、正面的，总的效果让对方感觉良好、对自己也充满了信心；人都有好为人师的虚荣心，你要敢于承认自己的不足和缺失，用好奇心引导对方分享，在自己收获智慧的同时也让对方获得心理上的满足；不论对错都不争辩，要清楚自己是来跟对方做生意的，不是来参加辩论大赛的；在不完全了解对方背景的时候，千万不要说长道短，特别是议论公司、同事、亲朋好友等的缺点或不足。请记住：跟客户沟通的秘诀就是愉快地聊天而不能把天"聊死"！

2.问：老师，您好！请问如何从指定货再开发出更多的客户？

答：你好！众所周知，从事销售业务，最大的困难就是突破陌生拜访的门槛。而指定货的业务恰恰为我们打破了这道门槛，因为客户听说是自己的合作伙伴委托贵司作为某笔贸易业务的物流供应商，他再怎么蛮横霸道也不敢轻易地拒绝与你的对话和沟通，这是老天爷给你的一份厚礼，要好好珍惜并加以运用，日本著名寿险销售大师原一平曾说过：销售成功其实很简单，就是要最大限度地将自己和客户之间的陌生感消除掉。

营销学上也有一个理论，即在一个相对稳定的市场，我们要提升自身在整个市场占有率的份额是一件非常困难的事情，但如果要提升我们在一家客户的内部占有率就相对容易得多。

我们因一票指定货而认识了一家客户，但这家客户一定不会只有这一票货，那怎样通过团队的努力，如何运用你的服务和技巧，在完成此笔指定业务的操作后，让客户对贵司的服务有良好的印象并借此和客户建立私人关系，进而把其他业务也安排给贵司操作，这就是每家公司都要花大力气去研究的课题。

3.问：老师，您好！ 在日常业务中，如果遇到宗教狂热者，他希望我改变信仰而信奉他们的教派，我该怎么办？

答：你好！ 这是一个很尖锐的问题。我想用三个层次来解答你的疑惑。

如果客户只是跟你交流一些宗教常识，我觉得不应该排斥。我虽然是一名虔诚的佛教徒，但我崇尚宗教自由，认为只要是正宗合法的宗教都是劝人为善的，我们不应故步自封，反而应该多涉足一些宗教领域的知识，这样与客户会有更多交流沟通的语言，更有利于与客户建立起和谐默契的朋友、知己关系。

如果客户坚持一定要相同信仰的人员来跟进该司的业务，你应该向上级反馈这个信息，看贵司是否有跟该客户拥有相同信仰的合适的助理来替换你。当然，公司应建立合理的制度来保护业务开发者的利益不受损失。

如果不幸的是，你遇到一个宗教狂热者，非要你改变你的信仰来信奉他的教派才跟贵司合作，此时，我认为该客户已突破我们的原则底线，应坚决但有礼貌地拒绝。要坚信：客户是永远做不完的，我们完全不必要为了些许利益而牺牲我们的原则和底线，这同样适用于其他违背我们意愿的业务。

4.问：老师，您好！ 您所说的突破陌生拜访的技巧我都用过了，客户还是以已经有合作很久的伙伴为由拒绝跟我见面，我应该怎么办？

答：我先恭喜你，你已突破陌生拜访的门槛，客户已经愿意跟你交谈而没有马上挂断你的电话。众所周知,做销售存在着两个"瓶颈",一是突破陌生拜访的门槛,二是如何说服客户放弃已合作多年的生意伙伴转而跟贵司合作!

客户决定是否要购买一件产品或服务,一般要经过三个步骤:首先要认识到购买的需要;其次收集能提供所需产品(服务)的品牌;最后再掂量各个品牌的优点,选定一个最满意的产品或服务。由此推论客户没有选择贵司的服务可能是:(1)客户觉得不需要;(2)不知道贵司的品牌和服务;(3)以上两点还好突破,扩大贵司的服务范围或品牌影响力去满足客户的需求即可实现。最可怕的是客户虽然知道贵司的品牌和服务,但更喜欢竞争对手的服务。

管理学中有一个著名的SWOT(双方优缺点及市场威胁和机会的分析)矩阵分析式,建议从价格、产品、服务、市场策略等方面去比较分析贵司与竞争对手:找出各自的优缺点;然后避开对手的威胁,找到战胜对手的机会。如果客户跟竞争对手已经有多年的良好合作关系暂时无法突破,建议耐心坚持,待竞争对手出现失误,再趁虚而入,相信客户终有一天会被你的坚持而感动,在考虑更换合作伙伴时会第一时间想到跟你合作的。

5.问:做业务经常遇到客户要求拖欠款项,如何审查客户的信用及如何给客户信用额度呢?

答:这是个非常好的问题。在日常工作中经常听到业务员抱怨,说由于公司不愿给客户信用额度导致自己拿不到订单。首先,业务员要树立"会赚钱是徒弟,会收钱才是师傅"的正确观念,应收款要全部回收进账才算此笔业务完结。很多公司倒闭在"蓝色报表"的路上,其原因就是应收账款太多、账期太长,影响了企业的正常运转,甚至造成资金链断裂。

所以我们考虑是否跟客户签订费用结算协议时,首先要用

5C 原则（Character 品格、Capacity 能力、Capital 资本、Collateral 担保、Condition 情势）来考核客户的信用，可以从注册资本，实收资本，不动产状况，最近三年营业情况，行业商誉，员工人数，大股东及经营团队背景，该公司的主要客户名单、过去合作的信用设立历史、有无权威认证的荣誉，以及从信用评级机构、市场情报等方面去收集客户的信用情报来做考量，但要注意客户的信用是动态而不是一成不变的，要实时监控，不能掉以轻心。

对于那些经过我们考核过的客户怎么给他们信用额度呢？第一，要考量公司的营运资金是否能从容应对这些额度。第二，换位思考，假设你是老板，你愿意借钱给该客户吗？第三，权衡额度和毛利比例，即：公司垫资的这些资金所产生的效益有没有比把这些资金放在银行的定期存款的利息还高。

如果你的答案能让老板满意，相信就不难说服你的老板跟客户签署费用结算协议了！

6.问：老师，您好！请问如何激励有一定业绩又没有经济压力的资深业务员保持激情投入工作呢？

答：谢谢你的好问题，这应该是困扰很多公司的管理难题。对于那些能完成公司最低指标又没有经济压力的资深业务员，公司认为他们还有潜力，希望他们能保持持续的激情、旺盛的斗志投入工作，为公司创造更好的业绩。但一些人由于没有经济压力，又能完成公司的最低指标，就在一边悠哉地混日子。公司如果严肃处理，怕得罪这些所谓的资深业务员，担心激怒他们，他们撂担子辞职不干了，公司会失去他们带来的客户群体和所创造的业绩；如果不处理，又怕他们带坏公司的风气，影响整个公司的文化，实在是左右为难！

这些资深业务员首先对行业很熟悉，具备扎实的专业知识和销售技巧，拥有一定的客户群体，是公司宝贵的财富，要好好珍惜。至于他们没有动力持续努力地奋斗，关键是组织还没有找到激励他们再出发的兴奋点。我的建议：第一，给予他们精神上的激励，比如设置一些业绩竞赛，让这些资深业务员之间进行友好和健康的竞争，以此激发他们的斗志；或与之深入地交流和探讨，设定对其具有一定挑战性或梦想性质的奋斗目标，完成后授予富有激励意义的荣誉，让他们不再是为了生计而工作，而是为了卓越、为了实现梦想而努力。第二，针对一些有领导才能的资深业务员，赋予他们带团队的权利，让他们通过辅导新人成长进步获得心理和精神上的满足，而公司也可以借此获得团队整体业绩的上升。

请记住，没有什么因素比提升一个人在组织中的地位更能激励这个人了！管理者要创造一种环境，让员工为了追求卓越自动自发地工作，而不仅仅只是为了生计工作。

7.问：老师，您好！请问营销和销售的区别是什么？

答：这是营销学上一个根本性的论题。营销和销售最大的区别是，销售以产品或服务为载体，就是给自己代理的产品或服务定价、寻找销售渠道，然后运用一定的传播方式将产品卖给客户；而营销是把市场和客户价值作为载体做销售沟通和设计，通过深入了解客户后搭建一个平台来创造交易交换价值，以满足客户的需求。比如我们航运物流货代业，不能再靠单纯的低运价来冲击市场，引起恶性竞争，而是要通过了解客户来为其量身定制解决物流难题的"一揽子"方案、"一条龙"服务，从而满足客户的需求，提升客户的竞争力，这样就可以和客户形成紧密的战略合作伙伴关系，而不是单靠比价的、唯利是图的脆弱关系。请大家记住：营销的目的就是让促销成为多余！

参考文献

1.艾·里斯,杰克·特劳特.定位[M].北京:机械工业出版社,2011.

2.艾·里斯.聚焦[M].北京:机械工业出版社,2014.

3.陈春花.激活个体[M].北京:机械工业出版社,2015.

4.稻盛和夫.活法[M].北京:东方出版社,2009.

5.丹尼尔·平克.驱动力[M].北京:中国人民大学出版社,2012.

6.费迪南·佛尼斯.绩效！绩效！[M]北京:中国财政经济出版社,2003.

7.格雷戈·麦吉沃恩.精要主义[M].杭州:浙江人民出版社,2016.

8.宫内义彦.抓住好风险[M].北京:东方出版社,2016.

9.何飞鹏.管理者对与错[M].台北:商周出版,2016.

10.蒋啸冰.物流江湖自我修炼之道[M].北京:电子工业出版社,2016.

11.刘亚莉.总经理管控财务一本通[M].广州:广东经济出版社有限公司,2014.

12.林正刚.正能量[M].杭州:浙江人民出版社,2012.

13.林正刚.创能量[M].杭州:浙江人民出版社,2015.

14.马库斯·白金汉.首先,打破一切常规[M].北京:中国青年出版社,2011.

15.容易.带团队就这么简单[M].北京:新世界出版

社,2013.

16.瑞克·吉尔伯特.向上汇报[M].北京:企业管理出版社,2014.

17.史永翔.搞通财务出利润[M].北京:北京大学出版社,2014.

18.唐华山.激励员工不用钱[M].北京:人民邮电出版社,2012.

19.岩田松雄.成为让部属愿意追随的上司[M].台北:悦知文化,2015.

20.赵伟.给你一个团队,你能怎么管[M].南京:江苏文艺出版社,2013.

21.曾国栋、王正芬.王者业务力[M].台北:商周出版社,2014.

22.宗权.好中层要会三件事[M].北京:人民邮电出版社,2014.

23.安迪·格鲁夫.给经理人的第一课[M].北京:中信出版集团,2017.

24.菲利普·德尔夫斯·布劳顿.管理的艺术[M].北京:人民邮电出版社,2014.

25.斯图尔特·克雷纳,戴斯·狄洛夫.领导力的本质[M].北京:中国人民大学出版社,2017.

26.约翰·C.麦克斯维尔.领导力26法则[M].杭州:浙江人民出版社,2017.

27.樊登.可复制的领导力[M].北京:中信出版集团,2018.

28.里德·霍夫曼,本·卡斯诺查,克里斯·叶,联盟[M].北京:中信出版社,2018.

29.彼得·德鲁克.卓有成效的管理者[M].北京:机械工业

出版社,2005.

30.加里·凯勒,杰伊·帕帕森.最重要的事只有一件[M].北京:中信出版集团,2017.

31.比尔·乔治.真诚领导力[M].北京:东方出版社,2011.

32.汤超义.掌握人生主动权[M].上海:上海财经大学出版社,2018.

33.金正浩.20～30岁,我拿十年做什么?[M]北京:化学工业出版社,2018年第1版.

34.乔·卡岑巴赫编选.团队工作[M].熊念恩,译.北京:中国财政经济出版社,2005年1月第1版.

35.费宁.带好团队[M].北京:人民日报出版社,2014年5月第一版.

36.菲尔·哈金斯,基思·霍利汉.人人皆赢[M].厦门:厦门大学出版社,2017年11月第1版.

37.黄伟明.航运物流从业第一课[M].厦门:厦门大学出版社2018年1月修订版.

后 记

2017年金秋时节，本人的第一本专著《航运物流从业第一课》在国家一级出版社——厦门大学出版社的大力支持下顺利出版，深蒙航运物流业同行精英及社会各界的厚爱，拙作两版共计一万多册至今基本已售罄并得到普遍的肯定，由此不少行业企业及高校邀请我去做职场理念及营销技巧的分享。

在随后许多的职场培训和分享场合，总有学员问我："黄老师，您的下一本著作什么时候面世?"为了不辜负大家的期待和厚望，也为了增加第二本著作《航运物流经理人第一课》的宽度和深度，我邀请了厦门大学管理学院的詹虹副教授和福建至理律师事务所的李皓律师一起合作，希望这种跨行业合作写书的模式能为航运物流企业在人才培育、团队建设、财务管理、风险防范等方面起到一定的辅助作用。

此书终于在今年我的生日这一天完稿并提交厦门大学出版社编辑部，应该说是我又完成了自己的一个心愿，朝着自己的梦想又迈出了坚实的一步。未来的日子里，如果我都能用写书出书的方式来为自己庆生的话，是不是一种特别同时又非常有意义的事呢?!

在此特别感谢上海国家会计学院、《掌控人生主动权——孙子兵法与人生战略》一书的作者汤超义博士，中外运集装箱运输有限公司赵春吉总经理，上海锦江航运(集团)有限公司王秋明董事长在百忙之中抽空通读本书并拨冗润笔题序，令本书增添了丰富的内涵;感谢世邦集运(厦门)有限公司的同人及其家属为本书收集素材并校对草稿;感谢业内许许多多精英们在我几次人生重大转折关头给予的全力支持和无私关爱,没有你们的扶持和肯定,我根本没有勇气也不可能顺利实现我人生的这一次重大转变,并朝着自己心中的梦想踏实地前行;感谢我的家人、老师同学、亲朋好友给予我的鼓励、肯定和爱护,没有你们的爱,我无法义无反顾地坚持走自己的路。

我一定会怀着感恩的心,在未来的日子里,竭尽自己所能,在弘扬中华民族传统文化,帮助企业克服管理中的困难及创新升级,助力年轻人健康成长并早日实现人生梦想等方面贡献自己的微薄力量!

黄伟明

2018 年 10 月 5 日